essentials

essentials liefern aktuelles Wissen in konzentrierter Form. Die Essenz dessen, worauf es als „State-of-the-Art" in der gegenwärtigen Fachdiskussion oder in der Praxis ankommt. *essentials* informieren schnell, unkompliziert und verständlich

- als Einführung in ein aktuelles Thema aus Ihrem Fachgebiet
- als Einstieg in ein für Sie noch unbekanntes Themenfeld
- als Einblick, um zum Thema mitreden zu können

Die Bücher in elektronischer und gedruckter Form bringen das Expertenwissen von Springer-Fachautoren kompakt zur Darstellung. Sie sind besonders für die Nutzung als eBook auf Tablet-PCs, eBook-Readern und Smartphones geeignet. *essentials:* Wissensbausteine aus den Wirtschafts-, Sozial- und Geisteswissenschaften, aus Technik und Naturwissenschaften sowie aus Medizin, Psychologie und Gesundheitsberufen. Von renommierten Autoren aller Springer-Verlagsmarken.

Weitere Bände in der Reihe http://www.springer.com/series/13088

Andrea Hausmann

Cultural Leadership I

Begriff, Einflussfaktoren und Aufgaben der Personalführung in Kulturbetrieben

Andrea Hausmann
Institut für Kulturmanagement
Pädagogische Hochschule Ludwigsburg
Ludwigsburg, Deutschland

ISSN 2197-6708   ISSN 2197-6716   (electronic)
essentials
ISBN 978-3-658-26673-8   ISBN 978-3-658-26674-5   (eBook)
https://doi.org/10.1007/978-3-658-26674-5

Die Deutsche Nationalbibliothek verzeichnet diese Publikation in der Deutschen Nationalbibliografie; detaillierte bibliografische Daten sind im Internet über http://dnb.d-nb.de abrufbar.

Springer VS ist ein Imprint der eingetragenen Gesellschaft Springer Fachmedien Wiesbaden GmbH und ist ein Teil von Springer Nature
Die Anschrift der Gesellschaft ist: Abraham-Lincoln-Str. 46, 65189 Wiesbaden, Germany

Inhaltsverzeichnis

Einführung 1

1.1   Status quo und Ziel dieses *essentials*

Ein Blick in die Feuilletons der großen Tageszeitungen zeigt, dass die Sicherung eines gelingenden Miteinanders von Führenden und Geführten ein wichtiges und aktuelles Thema in Kulturbetrieben darstellt. Zu den spektakuläreren Belegen hierfür gehört der offene Brief, den 60 Mitarbeiter/innen des *Burgtheater Wien* Anfang 2018 in der österreichischen Presse veröffentlichten. Darin werfen sie dem ehemaligen Direktor vor, theaterspezifische Abhängigkeiten und Hierarchien ausgenutzt und insgesamt eine „Atmosphäre der Angst und Verunsicherung" (Graber et al. 2018) geschaffen zu haben. In ähnlicher Liga spielen zahlreiche weitere Anschuldigungen, die z. B. die langjährigen künstlerischen Leiter der *Metropolitan Opera,* der *Staatsoper Unter den Linden* oder der *Festspiele Erl* betreffen. Ihnen und diversen anderen Führungskräften – v. a. aus den Sparten Theater, Musik, Film und Medien – wird Machtmissbrauch, Demütigung, Diskriminierung und/oder Nötigung im Rahmen der Ausübung ihrer Führungsposition vorgeworfen.

Es finden sich allerdings auch zahlreiche, weitaus weniger spektakuläre Probleme des Miteinanders in Kulturbetrieben, die im Weiteren im Fokus stehen werden. Leicht zugängliche Informationen diesbezüglich finden sich etwa auf *Kununu,* der größten Arbeitgeberbewertungsplattform im deutschsprachigen Raum. Hier wie auf verschiedenen anderen Portalen können Arbeitnehmer/innen ihren ehemaligen oder aktuellen Arbeitgeber kriteriengeleitet bewerten. Jede dieser Meinungen gibt, das soll hier betont werden, einen einzelnen, subjektiven Eindruck wieder und die persönlichen Hintergründe einer Beurteilung (z. B. Kündigung) werden nicht offengelegt (Binner 2018). Diese grundsätzlichen

© Springer Fachmedien Wiesbaden GmbH, ein Teil von Springer Nature 2019
A. Hausmann, *Cultural Leadership I,* essentials,
https://doi.org/10.1007/978-3-658-26674-5_1

Probleme von Online-Bewertungsplattformen sind allerdings für den vorliegenden Zweck unwesentlich. Relevant ist vielmehr, dass die nachfolgend *exemplarisch* ausgewählten Kommentare verschiedener User anschaulich illustrieren, welche Probleme und Herausforderungen bei der Personalführung in Kulturbetrieben typisch sind und dass sie unabhängig von der jeweiligen Art und Sparte auftreten:

- „sehr begrenzte Mittel bei sehr anspruchsvollen Vorhaben"; „Struktur der Arbeitsvorgänge unprofessionell (…)"; „keine klaren Zuständigkeiten und Verantwortlichkeiten"; „zu wenig Kommunikation, keine Zielvorgaben"; „Mitarbeitergespräche seitens der Vorgesetzten ernst nehmen und überhaupt wahrnehmen", „Dienstbesprechungen professionell moderieren lassen", „bessere Betreuung der Volontäre (…), die mit verantwortungsvollen Aufgaben sich selbst überlassen werden" *(Staatliche Museen zu Berlin)*.
- „sehr freundliches und offenes Miteinander, wir wissen, was bei den Kolleg/inn/en ansteht"; „(…) im öffentlichen Kulturbereich ist eine Institution immer chronisch unterfinanziert (…), aber die Menschen hier gleichen das super aus"; „Strukturen und strukturelle Zusammenhänge besser vermitteln, top-down-Kommunikation offener und geduldiger führen" *(Stiftung Historische Museen Hamburg)*.
- „Buntes Aufgabenfeld & nettes Miteinander unter den Angestellten"; „Arbeitsplatzsituation & Kommunikation. Achtsamkeit & Fürsorge gegenüber Angestellten ist durchaus ausbaufähig"; „gleiche Verträge & ein respektvoller, wertschätzender Umgang könnten bereits Wunder wirken" *(Theater Osnabrück)*.
- „Unser Vorgesetzter ist in der Tat ein Glücksgriff! Partizipativ und respektvoll! Die Kunst des Führens ist zu führen ohne einen merken zu lassen, dass geführt wird"; „(…) wie schlecht von oben nach unten kommuniziert wird. Mehrmals haben sich auch KollegInnen gewünscht, dass insgesamt offener und ehrlicher kommuniziert wird" *(Goethe-Institut)*.
- „Pro: Arbeitszeiten, Verantwortung und der Arbeitsplatz selbst"; „sehr hierarchisch"; „hohe Mitarbeiterfluktuation, geringe Wertschätzung der MA, permanent angespannte Arbeitsatmosphäre (…)" *(Österreichische Galerie Belvedere)*.
- „Ungleiche Behandlung innerhalb des Teams und zwischen den Abteilungen, mangelnde Wertschätzung, (…) chaotische Arbeitsabläufe"; „Vorgesetzte halten Vereinbarungen ein, motivieren die Mitarbeiter. Teilweise nicht nachvollziehbare Entscheidungsfindung auf Vorstandsebene" *(CTS Eventim)*.
- „Gutes Mitarbeiterschulungsprogramm und abwechslungsreiche Aufgaben"; „Kollegen und Kolleginnen arbeiten teilweise am Limit, da zu viel Aufgaben,

Arbeit und Projekte anstehen. Es fehlt an Unterstützung durch Systeme und Software"; „mehr persönliche Wertschätzung für geleistete Arbeit" *(Stage Entertainment).*

Die meisten der in den Bewertungen enthaltenen Themen werden, weil sie so idealtypisch sind, im Weiteren Berücksichtigung finden. Die Diskussion wird dabei – den Charakter der *essentials* des *Springer Verlags* berücksichtigend – kompakt und spartenübergreifend geführt. Dass eine solche stärkere Befassung mit Fragen des Personalmanagement dringend notwendig ist, postulieren Experten aus Theorie und Praxis schon seit längerem (u. a. Klein 2009; Scheytt 2013; Mertens 2013; Hausmann 2013). De facto ist aber erst in der jüngsten Vergangenheit eine größere Zuwendung zu personalpolitischen Themen und konkret zum Leadership festzustellen (auch wenn die Zahl an fundierten Publikationen noch immer überschaubar ist). Dabei ist zu hoffen, dass es sich um ein dauerhaftes Interesse an der wichtigsten Ressource im Kulturbetrieb, den Mitarbeitern/innen, handelt – oder um mit dem Titelblatt des Magazins von *Kulturmanagement Network* zum Schwerpunkt Leadership zu sprechen: „Es geht nicht nur um einen weiteren Hype. Es geht um Grundsätzliches, das sich im Kulturbetrieb ändern muss" (KM 2017, S. 1).

In diesem Kontext ist das Ziel des vorliegenden *essentials* zu verstehen. Praxis und Theorie des Kulturmanagement sollten in einem engen, wechselseitigen Verhältnis stehen. Theorie ermöglicht eine systematische Reflexion des praktischen Handelns und seiner Rahmenbedingungen und daher soll die Literatur im Kulturmanagement hiermit um eine systematische, prägnante Aufbereitung zentraler Themen des Leadership in Kulturbetrieben ergänzt werden. Im Mittelpunkt steht dabei die Auffassung, dass Führung *alle* Beschäftigten betrifft: „Führung bewegt Menschen. Sie berührt jeden – Führende wie Geführte" (Weibler 2016). Beide Perspektiven finden nachfolgend Berücksichtigung, sodass dieses *essential* sowohl für Führungskräfte Handreichungen bietet als auch für Mitarbeiter/innen, die Führungssituationen besser einschätzen und (mit-)gestalten wollen.

Das *essential* besteht dabei aus zwei Teilen. Im vorliegenden Teil I wird zunächst eine Begriffsdiskussion geführt und das Grundmodell von Führung vorgestellt. Danach erfolgt ein Kurzüberblick zur theoretischen Verortung und es werden typische Einflussfaktoren auf das Leadership in Kulturbetrieben beleuchtet. Im Weiteren werden die Aufgaben von Führungskräften diskutiert und die Rahmenbedingungen für Mitarbeitermotivation analysiert. Im Fokus von Teil II (Hausmann 2019a) stehen Maßnahmen zur Gestaltung von Führungsbeziehungen (Führungsstile und Führungsprinzipien, Instrumente der Kommunikation und Koordination etc.).

1.2 Begriffsabgrenzung und Anwendungsbereich

Es ist sinnvoll, der weiteren Auseinandersetzung ein möglichst eindeutiges Begriffsverständnis zugrunde zu legen. Dies ist allerdings kein ganz leichtes Unterfangen, da Führung bzw. Leadership in der Literatur sehr unterschiedlich definiert wird. Es scheint (fast) so viele Begriffsverständnisse zu geben, wie Publikationen zum Thema vorliegen. In Tab. 1.1 finden sich ausgewählte Beispiele aus der betriebswirtschaftlichen Literatur.

Anhand dieser Beispiele wird einerseits deutlich, wie schwer es zu sein scheint, das Phänomen der Führung auf den Punkt zu bringen. Andererseits wird den Beteiligten, insbesondere den Führenden, einiges abverlangt: Inspirierend sollen sie sein, sich sozial akzeptiert verhalten und nicht nur das Verhalten, sondern auch die Wahrnehmungen und Erwartungen der anderen Organisationsmitglieder beeinflussen. Und das alles im laufenden Tagesgeschäft, das in den meisten Kulturbetrieben durch chronische Ressourcenknappheit geprägt ist – zweifellos eine Herausforderung vor allem für jene Führungspersonen, deren (akademische) Ausbildung wenige oder gar keine personalpolitischen Bezüge enthielt (vgl. auch Abschn. 3.3).

Tab. 1.1 Verständnis von Führung bzw. Leadership

Autor(en)	Begriffsverständnis
Bass und Bass (1990, S. 19)	„Leadership is an interaction between two or more members of a group that often involves a structuring or restructuring of the situation and the perception and expectations of the members."
Armstrong (2017, S. 374)	„Leadership means inspiring people to do their best to achieve a desired result."
Weibler (2016, S. 22)	„Führung heißt, andere durch eigenes, sozial akzeptiertes Verhalten so zu beeinflussen, dass dies bei den Beeinflussten mittelbar oder unmittelbar ein intendiertes Verhalten bewirkt."
Stock-Homburg (2013, S. 378)	„Prozess der Beeinflussung von Einstellungen und Verhaltensweisen von Geführten durch eine Führungsperson mit dem Zweck, gemeinsam angestrebte Ergebnisse zu erzielen."
Scherm und Süß (2016, S. 181)	„Im Folgenden wird Personalführung verstanden als eine zielorientierte, wechselseitige Verhaltensbeeinflussung von Mitarbeitern, die dazu bewegt werden sollen, Ziele des Unternehmens zu verfolgen."

Bei der Begriffsdiskussion ist zu berücksichtigen, dass Führung ein *interdisziplinäres* Phänomen darstellt, das u. a. auch in der Soziologie, Philosophie und Psychologie Bezüge findet. Und tatsächlich lohnt sich eine über die betriebswirtschaftliche Literatur hinausgehende Befassung mit dem Thema. Auch deshalb, weil hierdurch der *Beziehungsgedanke* stärker in den Vordergrund rückt (u. a. Schmidbauer 2009; Rosenstiel 2014; Sprenger 2012) – und damit die Tatsache, dass nicht nur der Führende Einfluss nimmt und über Handlungsspielräume bzw. Machtbasen verfügt, sondern sehr wohl auch, zumindest in gewissem Umfang, die Geführten. Dabei stellt die Führungsbeziehung keinen Selbstzweck dar, sondern sie verfügt über eine *Intentionalität* (Weibler 2016, S. 25) und steht insbesondere im Dienste der „Mission" einer Organisation; dass dabei regelmäßig auch Ziele und Ansprüche der Organisationsmitglieder erfüllt werden, ist ein schöner (wünschenswerter) Nebeneffekt. In Ergänzung zu Tab. 1.1 soll daher festgehalten werden, dass gelingende Führung in Kulturbetrieben den Aufbau von Beziehungen anstrebt, denen eine Ziel- bzw. Ergebnisorientierung zugrunde liegt und die eine zwar nicht symmetrische, aber doch wechselseitige Einflussnahme und Orientierung der Organisationsmitglieder aneinander bedingen.

Im Kontext der Begriffsklärung ist zu erwähnen, dass in Forschung und Praxis des Kulturmanagement die Verwendung des Zusatzes „Cultural" beliebt ist (u. a. Hausmann 2017; Mandel 2018). Der *British Council,* Großbritanniens internationale Organisation für Kulturbeziehungen, war hier Vorreiter – wie so oft in kulturmanagerialen Themen. Allerdings bleibt sein Begriffsverständnis zu weit gefasst, als dass es geeignet sein könnte, eine Orientierung für die praktische Umsetzung im Kulturbetrieb zu geben: „Cultural Leadership is the act of leading the cultural sector" (British Council 2017). Auch im Ankündigungstext zur 11. Jahrestagung des *Fachverbands Kulturmanagement* zum Thema „Cultural Leadership & Innovation", die ausgerichtet wurde in der „Hoffnung, dass Cultural Leadership einen Beitrag zur positiven Transformation von Gesellschaften leisten könne und insbesondere eine Grundlage für Innovation in Organisationen und der Gesellschaft darstelle" (FKM 2018), fällt ein weit gefasster, wenig betriebswirtschaftlicher bzw. managerialer Blick auf das Handlungsfeld auf. In solchen Fällen besteht aber immer die Gefahr, dass zu viel von einem Konzept erwartet wird – oder etwas, was es gerade *nicht* leisten kann.

Wenngleich die vorgenannten Aktivitäten also zu begrüßen sind, weil sie dazu beitragen, Führung stärker als bisher in den Fokus des Kulturmanagement zu rücken, bleibt dennoch zu klären, ob es sinnvoll ist, diese Auseinandersetzung unter dem Label „Cultural Leadership" zu führen. Dabei liegen die *Vorteile* klar auf der Hand: Personalpolitische Fragestellungen – wie andere betriebswirtschaftliche Themen auch – stoßen in Kulturbetrieben, zumindest außerhalb der genuin administrativen Bereiche, traditionell auf Skepsis. Der Zusatz „Cultural" kann also die Bereitschaft bei Führenden und Geführten fördern, sich mit den Rahmenbedingungen, Aufgaben und Herausforderungen von Leadership vorurteilsfrei(er) zu befassen.

Es finden sich aber auch *Nachteile.* So ist das Begriffspaar in der Betriebswirtschaftslehre schon belegt. Im Rahmen von Cultural Leadership – bzw. häufiger: Cross-Cultural Leadership – wird Kultur entweder im Sinne einer bestimmten Organisationskultur (Stewart 2010) oder im Sinne von Diversität bzw. unterschiedlicher ethnisch-kultureller Backgrounds verwendet (Lowe und Lowe 2004). Letzteres ist zwar eine Fragestellung, die v. a. in Orchestern und Theatern durchaus virulent ist, dennoch aber nur *einen* Teil von Führung ausmacht. Last but not least, wie auch der Geschäftsführer und Künstlerische Leiter des *Burghofs Lörrach* hervorhebt, kann der Zusatz „Cultural" dazu führen, dass das „Besonderheitsargument" zu sehr in den Vordergrund tritt. Das wird von Kulturschaffenden zwar gerne angeführt, resultiert aber häufig nur darin, dass in anderen Organisationen erfolgreich etablierte Konzepte in Kulturbetrieben nur halbherzig umgesetzt werden (und dann tatsächlich nicht gut funktionieren) oder sogar gänzlich auf Ablehnung stoßen: „Der Kulturbetrieb ist sicher etwas Besonderes. Aber manchmal hat es auch einen Selbstzweck, das so zu formulieren. Denn so meint man, sich gewissen Dingen nicht stellen zu müssen" (Muffler 2017, S. 30).

Die Autorin ist hier, wie der Titel dieses *essentials* zeigt, einen Mittelweg gegangen. Wichtig scheint es aber, an dieser Stelle zu betonen, dass Leadership *jeden* Kulturbetrieb betrifft: Personalführung ist ein allgemeingültiges Konzept für das beziehungsorientierte Miteinander. Es ist damit (zunächst) unabhängig von der

- *Größe eines Kulturbetriebs:* Fragen der Personalführung stellen sich in einer Kultureinrichtung in der Größe eines mittelständischen Betriebs, wie z. B. bei der Theatergenossenschaft Basel mit über 400 Beschäftigten, genauso wie in einer kleinen, inhabergeführten Konzertagentur mit wenigen Beschäftigten.
- *Art des Kulturbetriebs:* Führungsaufgaben fallen unabhängig davon an, ob ein Kulturbetrieb in erster Linie administrative Aufgaben verfolgt (z. B. Kulturverwaltung, Künstler-/Eventagentur), wissenschaftliche (z. B. Bibliotheken, Museen) oder künstlerische (Theater, Orchester etc.).
- *Rechts-/Betriebsform:* Die wechselseitige Einflussnahme zwischen Führenden und Geführten erfolgt unabhängig davon, ob ein Kulturbetrieb eine organisatorische Abteilung der städtischen Verwaltung (mit zentraler Ressourcenverantwortung im Personalamt), ein Eigenbetrieb mit dezentraler Ressourcenverantwortung oder ein kommerzielles Kreativunternehmen ist.

- *Ressourcenknappheit:* Ressourcen sind in Organisationen per definitionem knapp. Daher sind „zu wenig Zeit" und „zu viel zu tun" zwar oft angeführte Entschuldigungen, aber keine legitimen, wenn es darum geht, zu begründen, warum die Führungskraft ihren Aufgaben und ihrer Rollenverantwortung nicht nachkommt. Gleichzeitig können sich auch die Geführten nicht mit einem reflexartigen Verweis auf das „zu geringe Budget" oder die „zu anspruchsvollen Vorhaben" aus der Verantwortung ziehen.

Allerdings gibt es auch nicht *ein* Erfolgsrezept der Personalführung, das für alle Kulturbetriebe gleichermaßen gilt. Die genannten Kriterien spielen natürlich eine Rolle bei der jeweils konkreten Umsetzung von Personalführung in einem bestimmten Kulturbetrieb, wie auch der Geschäftsführer des *Museums Weserburg Bremen* betont: „Methoden und Instrumente sind immer vom Betrieb abhängig. Ein Haus mit 30 Leuten ist etwas ganz anderes als eines mit 1.000 und die Managementmethoden müssen auch zur Kultur des Hauses passen" (Schößler im Interview mit Oswald 2018a).

1.3 Grundmodell und Formen der Führung

In obiger Diskussion sind bereits die Strukturelemente von Personalführung angerissen worden, die sich im in Abb. 1.1 dargestellten *Grundmodell* wiederfinden (Scherm und Süß 2016, S. 183). Dieses einfache Modell veranschaulicht idealtypisch die *(Wechsel-)Beziehungen* zwischen den Elementen (die in den nachfolgend in Klammern genannten Kapiteln noch einmal ausführlicher besprochen werden):

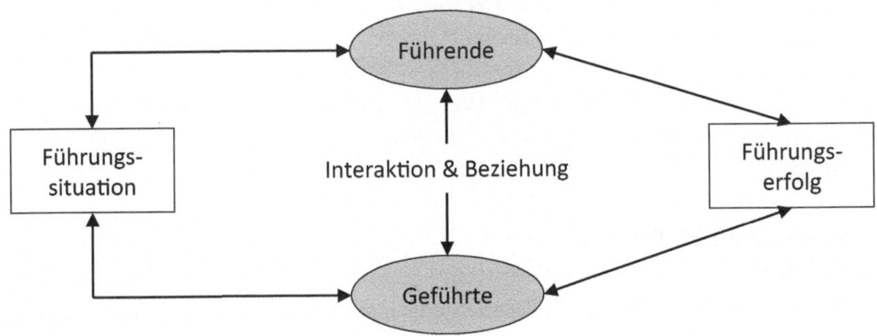

Abb. 1.1 Grundmodell der Personalführung

- *Führungssituation:* Diese ist in Kulturbetrieben grundsätzlich durch knappe *Ressourcen* charakterisiert (Zeit, Budget, Personal etc.). Hieraus ergeben sich Verteilungsfragen, die unter Berücksichtigung der institutionellen Spezifika sowie der Parameter aufseiten der Geführten und Führenden beantwortet werden müssen (vgl. Kap. 3).

- *Führende:* Durch ihr Handeln – oder Nicht-Handeln – nimmt die Führungskraft einerseits *direkt* Einfluss auf die Führungssituation und den Führungserfolg. Andererseits nimmt sie über die Gestaltung der Beziehung mit den Geführten auch *indirekt* Einfluss auf die beiden Variablen. Bestimmte *Voraussetzungen* bei den Führenden, aber auch in der Organisation sind besonders förderlich, wenn es darum geht, diese Einflussnahme gelingend zu gestalten (vgl. Kap. 2 und 3).

- *Geführte:* Auch die Mitarbeiter/innen können die Führungssituation und den Führungserfolg durch ihr Tun – oder Unterlassen – *direkt* und *indirekt* beeinflussen. Zu berücksichtigen ist, dass die Personalstrukturen (Beschäftigungsverhältnisse, Tätigkeitsbereiche, Qualifikationsstufen etc.) in Kulturbetrieben sehr heterogen sind (vgl. Kap. 3).

- *Führungserfolg:* Die wechselseitige Einflussnahme zwischen Führenden und Geführten kann immer wieder neu Akzeptanz oder Ablehnung finden – mit entsprechenden Konsequenzen für den Führungserfolg. Dieser bezieht sich zum einen auf die *primären* Organisationsziele, wie der Geschäftsführer der *Kultur-Betriebe Burgenland* ausführt: „Für uns bedeutet das im Wesentlichen, dass der kulturpolitische Auftrag erfüllt wird und die wirtschaftlichen Rahmenbedingungen beachtet werden" (Kuzmits im Interview mit Brunner 2018). Zum andern drückt sich Führungserfolg in *sekundären* Größen aus, wie z. B. Arbeitsatmosphäre, Arbeitszufriedenheit, Zugehörigkeitsgefühle, Zusammenhalt. In der Regel wirkt Führungserfolg selbstverstärkend auf die am Prozess Beteiligten zurück und fördert so entsprechendes Verhalten in der Zukunft (Hausmann 2019a, Abschn. 1.3).

Es lassen sich zwei *Formen* von Personalführung unterscheiden, die nebeneinander existierend und sich unterstützend in der Kulturbetriebspraxis anzutreffen sind:

1. **Führung durch Personen**
   Im Mittelpunkt der weiteren Ausführungen steht die direkte, interaktive Einflussbeziehung zwischen Führenden und Geführten. Relevant sind hier die Eigenschaften und Fähigkeiten der Führungskraft sowie ihre Bereitschaft, die Rollenverantwortung als Vorgesetzte/r tatsächlich wahrzunehmen. Von Interesse

ist aber auch, inwieweit die Mitarbeiter/innen fähig und bereit sind, sich für den von ihnen gewählten Arbeitsplatz zu engagieren und für die Qualität ihrer Arbeitsergebnisse – auch und gerade angesichts knapper Ressourcen – Verantwortung zu übernehmen.

2. **Führung durch Strukturen**
   Hier erfolgt die Steuerung und Koordination von arbeitsteiligem Handeln und die Einflussnahme auf das Verhalten von Organisationsmitgliedern über Anordnungen, Regeln etc. Dies können einerseits
   - „fassbare" Strukturierungstools sein, wie z. B. Hierarchieebenen, Kommunikations- und Berichtslinien, Organigramme, Stellenbeschreibungen, Verfahrensvorschriften (z. B. Beschaffungs- und Reisekostenformulare) oder auch die festgeschriebene Gestaltung von Arbeitsplätzen (z. B. im Besucherkontaktbereich)

   sowie andererseits auch
   - wenig greifbare Einflussgrößen, wie z. B. ungeschriebene Normen („etwas immer so zu machen und nicht anders"), Rituale, Werte bzw. insgesamt die Organisationskultur (ausführlich Hausmann 2019a, Abschn. 4.2).

Die Führung über Strukturen stellt ein *Substitut* der Führung über Personen dar. Im Idealfall ermöglicht sie Komplexitätsreduktion und eine Entlastung der Führungspersonen, weil sie den Bedarf an interaktiver Führung reduziert und gleichzeitig einen Rahmen schafft, innerhalb dessen interaktive Führung stattfindet. Führung durch Strukturen kann allerdings auch dazu führen, dass die Kreativität von Mitarbeitern/innen (zu) stark eingeschränkt, ein „Dienst nach Vorschrift" gefördert oder die Komplexität im Kulturbetrieb erhöht wird – wie jeder weiß, dessen Organisation z. B. eine hohe Anzahl an standardisierten Formularen hat, die zu wenig flexibel für spezifische (Projekt-)Anforderungen sind.

Eine Ursache für die in Abschn. 1.2 besprochene Vielfalt der Begriffsverständnisse findet sich in den unterschiedlichen theoretischen Verortungen von Leadership. Grundsätzlich haben Führungstheorien zum Ziel, die *Bedingungen* gelingender Führung zu untersuchen und damit zu erklären, wie eine Führungsperson andere Organisationsmitglieder bei der Erfüllung ihrer Aufgaben unterstützen kann. Nachfolgend werden ausgewählte (klassische) Ansätze aus einer kaum noch überschaubaren, stetig wachsenden Zahl an Führungstheorien vorgestellt; im Fokus steht dabei entweder die Führungs*person,* die Führungs*situation* oder die Führungs*beziehung.* Vorab sei gesagt, dass es an allen Führungstheorien aufgrund der modellhaften Darstellungen grundsätzliche Kritikpunkte gibt; z. T. können die postulierten Modellbeziehungen auch nicht empirisch nachgewiesen werden. Andererseits enthalten die Ansätze interessante Hinweise für die Kulturbetriebspraxis dahin gehend, wie sich das Verständnis von Führung im Laufe der Jahre weiterentwickelt hat und welche unterschiedlichen Variablen auf das Führungshandeln einwirken.

Eigenschaftstheorie
Bei der Eigenschaftstheorie stellt die Führungs*person* die wesentliche Variable zur Erklärung von Führungserfolg dar. Im Mittelpunkt steht die Annahme, dass erfolgreiches Führungshandeln vom Vorliegen bestimmter *Eigenschaften* abhängt, wie z. B. Intelligenz, Empathie, Problemlösungsfähigkeit, Entscheidungsfähigkeit, Selbstvertrauen, Durchsetzungsvermögen, Zuverlässigkeit, Verantwortungsbewusstsein, Stressresistenz, Eloquenz oder Intuition. Eigenschaften einer Führungsperson sind zeitlich *stabile,* relativ *situationsunabhängige* Dispositionen zu bestimmten Verhaltensweisen. Das Führungshandeln wird als Ergebnis dieser Eigenschaften verstanden und steht ansonsten nicht im Erkenntnisinteresse.

© Springer Fachmedien Wiesbaden GmbH, ein Teil von Springer Nature 2019   11
A. Hausmann, *Cultural Leadership I,* essentials,
https://doi.org/10.1007/978-3-658-26674-5_2

Bis heute hat die Erklärung von Führungshandeln über Eigenschaften – auch aufgrund der geringen Komplexität – einen hohen Stellenwert. Allerdings sind auch Schwächen dieses Ansatzes zu nennen: So ist es z. B. nicht möglich, eine allgemeingültige Liste an günstigen Führungseigenschaften zu erstellen. Dies liegt auch an der Vielfalt von Führungssituationen: während in der einen Situation bestimmte Eigenschaften sehr förderlich sind, können in einer anderen Situation andere Eigenschaften gefragt sein. Darüber hinaus ist strittig, ob und in welchem Umfang bestimmte Eigenschaften, wenn sie nicht angeboren wurden, später noch erlernbar sind. Des Weiteren ist unklar, ob das Vorliegen einzelner Eigenschaften ausreicht oder ob eine bestimmte Konstellation gegeben sein muss.

Durch das Aufkommen der *transformationalen* Führung ist die Eigenschaftstheorie wieder mehr in den Fokus von Theorie und Praxis gerückt. Anders als im Rahmen der klassischen *transaktionalen* Führung, in der, vereinfacht gesagt, gute Arbeitsbedingungen gegen gute Aufgabenerfüllung „getauscht" werden, pflegen transformational Führende keine Austauschbeziehung mehr mit den Geführten, sondern sie „transformieren" annahmegemäß deren Werte, Bedürfnisse und Ziele. Kurzum, sie „folgen ihrer eigenen Vision und begeistern ihre Gefolgschaft durch Sinnstiftung und Charisma für herausragende Spitzenleistungen" (Macharzina und Wolf 2008, S. 571). Trotz seiner Popularität ist der – hinsichtlich konkret erforderlicher, transformationaler Eigenschaften letztlich vage bleibende – Ansatz kritisch zu sehen. Zu groß scheint der Autorin auch und gerade im Kulturbereich die Gefahr, dass hierdurch – v. a. bei einer unreflektierten, ausschließlichen Nutzung als Führungsstil – einem (häufig männlichen) Genie- und Starkult unnötig Vorschub geleistet wird.

Verhaltenstheorie

In Abgrenzung zu der personenzentrierten Betrachtung konzentrieren sich die verhaltenstheoretischen Ansätze darauf, wie sich Führungskräfte gegenüber anderen Organisationsmitgliedern verhalten und welche Art der Einflussnahme (konkret: welcher Führungsstil) besonders erfolgreich ist. Hervorgegangen ist hieraus zunächst das *eindimensionale* Führungsstilkontinuum (Tannenbaum und Schmidt 1958) und später das *zweidimensionale* Leadership Grid (Blake und Mouton 1964), die beide weiterhin sehr populär sind und deswegen in Abschn. 2.1, Teil II noch einmal ausführlicher besprochen werden (Hausmann 2019a). Im Fokus des ersten Ansatzes steht der Partizipationsgrad von Mitarbeitern/innen, der ihnen beim Treffen von Entscheidungen zugestanden wird; diese eindimensionale Betrachtung ist auch gleichzeitig ein großer Kritikpunkt. Im zweiten Ansatz werden Führungskräfte dahin gehend unterschieden, ob sie eher sach- bzw. aufgabenorientiert oder eher mitarbeiter- bzw. beziehungsorientiert führen. Die Kritik an diesem Ansatz bezieht sich u. a. darauf, dass auch hier (nur) der Führungsperson eine aktive Rolle zugesprochen wird, während der Einfluss der Geführten und der Führungssituation weiterhin zu kurz kommt (kurzum: dass auch zwei Dimensionen nicht ausreichen, um die Komplexität von Führung adäquat abzubilden).

Situationstheorie

Aus der intensiven Beschäftigung mit den o. g. Ansätzen erwuchs schließlich die Erkenntnis, dass es nicht *die* optimalen Führungseigenschaften gibt, *den* besten Führungsstil oder *das* ideale Führungsverhalten (Rosenstiel 2014, S. 14), sondern dass vielmehr der *situative* Kontext eine zentrale Rolle dahin gehend spielt, ob Führung gelingt und Organisationsziele erreicht werden. Dabei geht es hier weniger um die typischen Einflussfaktoren, wie sie sich allgemein in Kulturbetrieben finden lassen (vgl. Kap. 3), sondern um die spezifischen Umstände einer konkreten Entscheidungs- und Führungssituation. Aspekte wie z. B. die Komplexität einer Entscheidung, die Verfügbarkeit relevanter Informationen, der Zeit- und Budgetdruck, die Konfliktträchtigkeit und die Bedeutung der Akzeptanz einer Entscheidung bei den Geführten müssen im Sinne dieses theoretischen Ansatzes bei der Wahl des Führungsstils berücksichtigt werden. Kritikpunkte beziehen sich u. a. darauf, dass in der Theorie wenig dazu gesagt wird, dass und wie diese situativen Kontextmerkmale von der Führungskraft (und den Geführten) beeinflusst werden können. Es wird vielmehr angenommen, dass die Beteiligten lediglich auf die Situation reagieren, sie aber nicht aktiv gestalten können.

Interaktionstheorie

Aus der Weiterentwicklung der eigenschafts-, verhaltens- und situationsorientierten Führungstheorien ist die Interaktionstheorie entstanden, die die statische Betrachtung der Rolle von Führenden und Geführten aufhebt und stattdessen die Dynamik der Führungs*beziehung* bzw. die *wechselseitige* Einflussnahme in den Mittelpunkt rückt. Auf diese Beziehung wirken einerseits die beteiligten Personen (mit ihrem Verhalten, ihren Persönlichkeitsmerkmalen und Kompetenzen) und andererseits auch die jeweiligen Merkmale einer Führungssituation ein. Das Wirkungsgefüge in diesem Modell ist komplexer, da z. B. auch Berücksichtigung findet, dass alle Beteiligten über Handlungsspielräume und Machtbasen verfügen, sodass die Führungsbeziehung ein *dynamischer* Prozess des Annehmens und Ablehnens von Einflussnahme ist.

Einflussfaktoren auf Führung in Kulturbetrieben

3

Führung in Kulturbetrieben wird durch zahlreiche Faktoren beeinflusst. Der Fokus liegt nachfolgend auf ausgewählten Parametern aus dem *direkten* organisationalen Umfeld (ferner relevant sind externe Einflussfaktoren wie z. B. die Arbeitsmarktsituation, der demografische Wandel oder beschäftigungspolitische Maßnahmen).

3.1 Institutionelle Besonderheiten

Immaterialität der kulturellen Leistungen
Die meisten Leistungen von Kulturbetrieben, wie z. B. Ausstellungen, Aufführungen, Konzerte, Lesungen, Workshops, Beratungen und Führungen, verfügen über einen hohen Anteil an Immaterialität. Sie können daher nicht vom Publikum gekauft und in Ruhe zu Hause konsumiert werden, sondern sind an Ort und Stelle zu „verbrauchen". Damit fallen die Prozesse der Leistungserstellung und -nutzung regelmäßig zusammen, es gibt es keine Möglichkeit zur Nachbesserung und die Beschäftigten müssen ihr Leistungsvermögen auf den Punkt genau abrufen können. Dabei dient insbesondere das Personal an den Besucherkontaktpunkten als Qualitätssurrogat für das gesamte Dienstleistungserlebnis. Seine Freundlichkeit, Hilfsbereitschaft, Beratungskompetenz, Stressresistenz etc. nehmen großen Einfluss auf die Gesamtzufriedenheit von Besuchern/innen. Dies auch angesichts der Tatsache, dass die immateriellen Angebote von Kulturbetrieben vor dem Ticketerwerb nicht vom Publikum in Augenschein genommen und geprüft werden können, sondern es vielmehr „die Katze im Sack" kauft. Die hieraus resultierenden Qualitätsunsicherheiten müssen durch Marketingmaßnahmen, aber eben auch durch gut geführtes Personal aufgefangen werden.

© Springer Fachmedien Wiesbaden GmbH, ein Teil von Springer Nature 2019
A. Hausmann, *Cultural Leadership I*, essentials,
https://doi.org/10.1007/978-3-658-26674-5_3

Begriffsauslegung und institutionelle Verankerung

Personalmanagement wird in Kulturbetrieben traditionell eher eng gefasst – z. T. wird noch von Personal*verwaltung* gesprochen – und operativ ausgelegt: So kümmern sich z. B. in Theatern typischerweise ein bis zwei Stellen in der Personalsachbearbeitung und eine eher im Finanzbereich angesiedelte Stelle für die Lohnbuchhaltung um die Verwaltung von Personalkonten, die Auszahlung von Löhnen und Gehältern, die Bearbeitung von Urlaubsgesuchen, Krankmeldungen und Versicherungsfragen etc. (Schmidt 2013, S. 187). Nur wenige Kulturbetriebe verfügen dagegen über eine eigenständige, personell hinreichend ausgestattete *Personalabteilung,* die sich als zentrale Dienstleisterin und strategisch orientierte Ansprechpartnerin für personalbezogene Fragen versteht und – in enger Abstimmung mit anderen Funktionsbereichen, wie der Geschäftsführung, dem Justiziariat und der Finanzabteilung – z. B. die Umsetzung einer systematischen Personalentwicklung, die Einführung neuer Führungsinstrumente sowie insgesamt eine professionelle Ausrichtung der Personalpolitik vorantreibt.

Fremdsteuerung durch Träger und Kulturpolitik

Eine solche fehlende institutionelle Verankerung des Personalmanagement begründet sich allerdings auch darin, dass öffentliche Kulturbetriebe größtenteils als Regie- oder Eigenbetriebe in der Verantwortung der sie fördernden Kommunen und/oder Bundesländer stehen. In solchen Fällen werden Personalaufgaben häufig vom Rechtsträger übernommen, wie Schmidt (2013, S. 187) am Beispiel Theater erläutert: „Der Intendant hat zwar im künstlerischen Sinne eine Personalhoheit, doch werden die Mitarbeiter in den technischen und administrativen Bereichen oftmals durch die Städte und Länder gestellt". In Kulturbetrieben, die als Abteilung, Fachbereich oder Amt geführt werden, ist der Handlungsspielraum besonders gering. Die Museumsleiterin oder der Intendant hat die Position einer Dienststellen- oder Amtsleitung inne, der das Personal aus dem städtischen Pool *zugeteilt* wird: Der bzw. die neue Sekretär/in hat u. U. vorher bei den städtischen Entsorgungsbetrieben Expertise erworben (aber eben kein Grundverständnis für museale Zusammenhänge) oder die Theaterkasse bleibt geschlossen, weil sich auf eine offene Stelle niemand aus dem Personalpool meldet und externe Aushilfskräfte nicht gestattet sind (GDBA 2012). Hier hat sich allerdings in den letzten Jahren, das sei der Vollständigkeit halber erwähnt, durch die Umwandlung von ehemals in die Verwaltung des Trägers eingegliederten Regiebetrieben in z. B. Eigenbetriebe mit eigener Personalhoheit einiges bewegt (Schmidt 2013, S. 190; Mertens 2019, S. 14). Geblieben ist jedoch eine große und wenig prognostizierbare Einflussnahme der Kulturpolitik auf die *erste* Führungsebene – und zwar sowohl auf die Installierung von Führungskräften in Kulturbetrieben als auch auf deren Demissionierung (ausführlich hierzu mit Beispielen DLF 2019).

Doppelspitzen: Lösung und Problem zugleich
Als Doppelspitze (auch: Co-Leadership) wird das Zusammenspiel von zwei Personen bezeichnet, die aufgrund ihrer (unterschiedlichen) Kompetenzen gemeinschaftlich Führungsaufgaben wahrnehmen. In vielen Kulturbetrieben der darstellenden Kunst und Musik, der bildenden Kunst, aber z. B. auch in sozio-kulturellen Zentren, in der Kulturverwaltung oder in kulturfördernden Einrichtungen (Stiftungen, Verein etc.) wird diese Führungsform genutzt (Koska 2011, S. 3 ff.). Hintergrund ist die Tatsache, dass Kulturbetriebe sowohl inhaltlich-künstlerisch als auch kaufmännisch sachverständig geführt werden müssen – und diese unterschiedlichen Kompetenzen nur in Ausnahmefällen in einer Person vereint sind. Es lassen sich verschiedene Formen dieses kollegialen Führungsmodells abgrenzen:

- *Formale Doppelspitze:* Wenn zwei Personen, z. B. eine künstlerische Direktorin und ein kaufmännischer Geschäftsführer, hierarchisch und rechtlich absolut gleichberechtigt sind, so handelt es sich um eine *echte* Doppelspitze. Gibt es zwar klar verteilte Aufgaben zwischen den beiden, aber im Konfliktfall steht einer Person allein das Entscheidungs- und Weisungsrecht zu, so wird von einer *unechten* Doppelspitze gesprochen.
- *Informelle Doppelspitze:* Diese Form (auch: Quasi-Doppelspitze) begründet sich in keiner formalen Regelung, sondern z. B. aus der nicht seltenen Tatsache, dass die eigentliche Führungsperson viel unterwegs ist (für Proben, Repräsentationsaufgaben etc.) und/oder eine nur gering ausgeprägte Führungskompetenz hat, sodass eine andere Person mit entsprechenden Fähigkeiten einspringen muss.

Unabhängig davon, welche Form des Co-Leadership vorliegt, lassen sich die in Tab. 3.1 aufgeführten Chancen und Risiken einer solchen Kompetenzteilung unterscheiden.

Zusammenfassend bleibt festzuhalten, dass das Vorliegen einer Doppelspitze erheblichen Einfluss auf die Führungssituation in Kulturbetrieben nimmt. Soll dieser Einfluss v. a. positiver Natur sein, so ist es wichtig, dass

1. die Co-Leader „an einem Strang ziehen", d. h. fähig sind, als Duo gegenüber Dritten (Mitarbeitern/innen, Träger, Sponsoren, Medien etc.) geschlossen zu agieren,
2. fachliche Komplementarität vorliegt und gleichzeitig die Kompetenz des jeweils anderen anerkannt wird,

Tab. 3.1 Chancen und Risiken von Doppelspitzen

Chancen	Risiken
1. Bei Entscheidungen können zwei Perspektiven berücksichtigt werden (z. B. künstlerisch-inhaltliche und kaufmännische) 2. Rollen können auf zwei Personen verteilt werden, z. B. • Entscheidungs*vorbereiter/in* und Entscheidungs*träger/in* • *„Task leader"* (d. h. hohe fachlich-sachliche Kompetenz) und *„emotional leader"* (d. h. Fokus liegt auf der sozialen Kompetenz) 3. Kann ein Instrument der Personalentwicklung dann sein, wenn eine junge und eine erfahrene Führungskraft (gut) zusammenarbeiten	1. Probleme *zwischen* den Co-Leadern: • Pseudogleichberechtigung • Rivalität & Platzhirschgehabe • Unzureichende Kompetenzklärung • Hoher Abstimmungsbedarf • Unterschiedliche Zielvorstellungen 2. Probleme *für* die Mitarbeiter/innen: • Doppelte, u. U. sogar widersprüchliche Erteilung von Arbeitsaufträgen an die Mitarbeiter/innen • Konkfliktreiches Arbeitsklima 3. Probleme *mit* den Mitarbeitern/innen: • Ausspielen der Co-Leader („der/die hat aber gesagt…")

3. eine hohe Dialogbereitschaft und -fähigkeit gegeben ist, da regelmäßiger Abstimmungsbedarf besteht,
4. eine Geschäftsordnung vorliegt, die als Verfahrensregelung für den Alltag den Rahmen für wiederkehrende Entscheidungssituationen vorgibt, die Aufgabenverteilung und Verantwortlichkeiten festlegt und im Idealfall auch das Verfahren zur Lösung von Streitfällen bzw. zur Herbeiführung von Entscheidungen im Fall von Meinungsdivergenzen bestimmt (Schreyögg 2005, S. 6 ff.; Koska 2011, S. 12 f.).

Machtasymmetrien, Abhängigkeiten und Organisationskulturen
Unter der Überschrift „With James Levine Fired, Should We Rethink Maestro Worship?" diskutierte die *New York Times,* ob die Machtfülle, mit der Führungskräfte v. a. in der darstellenden Kunst und Musik ausgestattet sind, noch länger zeitgemäß ist: „The responsibility of a conductor is always going to be there: the decision-making responsibility, the creation of a positive environment, to get 100 individual artists to coalesce. That's not going to change. But the style, the unlimited power? That should change" (Woolfe 2018). Fakt ist, dass Theater und Orchester traditionell äußerst hierarchische Organisationen sind. Aber auch in anderen Branchen, z. B. im Film-, Buch- und Kunstmarkt (u. a. Walser 2018),

finden sich Strukturen, die eine asymmetrische Verteilung von Macht zugunsten weniger fördern und dazu beitragen, dass Mitarbeiter/innen beruflich und persönlich in hohem Maße abhängig sind von im Zweifel übergriffigen Führungskräften. Dabei weist Zierold (2018) auf die Bedeutung der Kultur *innerhalb* einer Organisation hin, die vieles auch erst möglich macht: „Mitarbeiter, die in Kulturorganisationen unter autokratischen Despoten leiden, sollten sich deshalb keine Illusionen machen: Wenn die Organisationskultur eine derartige Führungspraxis zulässt, ist wenig damit gewonnen, den Chef auf einen Führungs- oder Kommunikationsworkshop zu schicken". Dass zu diesen systeminhärenten Problemen mittlerweile Alternativen gesucht werden, zeigt u. a. das Engagement des Deutschen Bühnenvereins bei der Ausarbeitung eines wertebasierten Verhaltenskodexes zur Sicherung von Respekt und Wertschätzung sowie einer partnerschaftlichen Zusammenarbeit in den deutschen Bühnenbetrieben (DBV 2018).

Hohe (vertragliche) Komplexität
Aus den in Kulturbetrieben üblichen heterogenen Personalstrukturen (vgl. Abschn. 3.3) ergibt sich eine hohe Komplexität – auch bei Führungsentscheidungen (z. B. hinsichtlich der Pflicht zur Einbeziehung des Personalrats bei Neubesetzung oder Entlassung oder bezüglich des Handhabungsspielraums bei Fremdpersonal). Schmidt (2013, S. 187) führt in diesem Zusammenhang für das Theater aus, dass er die Dichotomie zwischen einerseits künstlerisch Beschäftigten mit kurzen Vertragslaufzeiten (Normalvertrag Bühne) und andererseits technischen Beschäftigten und Verwaltungsangestellten (beides Tarifvertrag des Öffentlichen Dienstes) sowie Orchestermusiker/innen (Tarifvertrag für deutsche Kultur-Orchester) mit quasi unkündbaren Festanstellungen für die Ursache der größten Personalprobleme hält. Hinzu kommen Gäste (Regisseure, Solisten etc.), die auf Basis von Honorar- oder Werkverträgen arbeiten. Aber auch in anderen Kulturbetrieben finden sich komplexe Vertragsstrukturen (und daraus resultierende unterschiedliche Zugriffsmöglichkeiten) wie am Beispiel Aufsichtsdienst bzw. Besucherservice exemplifiziert werden soll: Dieser kann sich zusammensetzen aus direkt im Museum angestelltem Personal, Personal des kommunalen Trägers (auch über ausgegliederte Betriebsgesellschaften), ehrenamtlichem Personal, (studentischen) Aushilfen, Saisonkräften (v. a. in Freilichtmuseen) oder externem Personal eines privaten Dienstleisters (Herring 2012, S. 5). Auf Führungskräfteebene ist darüber hinaus von Bedeutung, dass die Arbeitsverträge in vielen Kulturbetrieben regelmäßig (nur) auf Zeit geschlossen werden.

3.2 Merkmale bei den Geführten

Als Geführte werden hier jene Personen bezeichnet, die Mitarbeiter/innen eines Kulturbetriebs und (mindestens) einem/r Vorgesetzten unterstellt sind. Wie nachfolgende Ausführungen exemplarisch zeigen, handelt es sich hierbei um eine sehr heterogene Gruppe, was die Personalführung beeinflusst.

Vielfalt der Tätigkeitsbereiche
In vielen Kulturbetrieben, wie etwa in Opern, Orchestern, Theatern, Bibliotheken oder Museen, wird typischerweise unterschieden zwischen dem *künstlerischen* (Schauspieler, Musikerin, Tänzer, Regisseurin etc.) bzw. *wissenschaftlichen* Personal (Historikerin, Restaurator, Kuratorin, Bibliothekar etc.) und dem Personal aus der *Verwaltung* bzw. dem *kaufmännischen Bereich* (Controlling, Finanzen, Marketing etc.). Als weitere übergeordnete Berufsgruppe ist das Personal aus dem *technischen Bereich* (u. a. Beleuchtung, Werkstätten, Bühnenbetrieb, Requisiten) anzuführen. Hinzu kommt das *Servicepersonal* mit und ohne Besucherkontakt (Kasse, Aufsichten, Reinigung, Bewachung etc.), dessen Status in der Betriebshierarchie niedrig ist, das allerdings für das Publikum als direkte Schnittstelle zur Kultureinrichtung häufig die wichtigste Ansprechstation darstellt.

Unterschiedliche Ziel- und Prioritätensetzung
Es finden sich damit sehr unterschiedliche Arbeitsfelder in Kulturbetrieben und das Verständnis für die Aufgaben der anderen Abteilungen ist häufig nicht besonders ausgeprägt (auch aufgrund der sehr heterogenen Ausbildungswege und daraus resultierender Fachsprachen, Arbeits- und Denkweisen etc.). Vor allem im Hinblick auf die Zielerreichung lassen sich große Diskrepanzen feststellen. So bestehen typische Konflikte zwischen dem künstlerischen Personal auf der einen und dem Verwaltungspersonal auf der anderen Seite: Der Verwaltung wird regelmäßig vorgeworfen, sich mit Kunst nicht auszukennen und daher nicht zu wissen, wie aufwendig (und damit teuer) künstlerische Prozesse sind. Den Künstlern/innen wird im Gegenzug vorgeworfen, mit knappen Ressourcen nicht sorgfältig genug umzugehen und sich nicht darum zu scheren, dass nicht alles bezahlt werden kann, was als künstlerischer Ausdruck unumgänglich zu sein scheint. Weitere Konflikte – genauso typisch und auf Dauer angelegt – entstehen zwischen den Abteilungen Marketing und Vermittlung, die, obwohl sie doch eigentlich beide das Publikum in das Zentrum ihrer Bemühungen stellen, (zu) selten auf einen gemeinsamen Nenner kommen, wie dieses am besten adressiert werden sollte.

Unterschiedlicher Bedarf an Freiheitsgraden

Kulturbetriebe stellen einen Organisationstyp dar, in dem in vielen Tätigkeitsbereichen Aufgaben mit hoher Komplexität und geringer Strukturiertheit dominieren (Boerner und Krause 2002). Viele Mitarbeiter/innen sind überdurchschnittlich gut ausgebildet und verfügen über eine hohe intrinsische Arbeitsmotivation. Bei Vorliegen dieser Voraussetzungen gelten in der Regel nicht-direktive Führungsstile als erfolgsfunktional, d. h. Führungsstile mit hohen Freiräumen für die Geführten im Hinblick auf Entscheidungsverantwortung, Aufgabenerfüllung und Zielerreichung. Von einem solchen Führungsstil können allerdings jene Beschäftigten überfordert sein, die aufgrund ihrer persönlichen Disposition nur wenig davon profitieren, wenn ihnen (zu viele) Handlungsfreiräume eingeräumt werden. Dies kann z. B. Mitarbeiter/innen in Tätigkeitsbereichen betreffen, die kaum Vorbildung benötigen und eher „einfache" Arbeiten darstellen (z. B. Aufsicht, Reinigung).

Besondere Persönlichkeitsstrukturen

Im Kulturbereich sind Arbeitsbedingungen üblich, die Abhängigkeiten und Leistungsdruck fördern und es oft erschweren, Berufs- und Privatleben in Einklang zu bringen (vgl. Abschn. 3.3). Für viele Beschäftigte ist das zunächst kein Problem: „the cultural industry sector seems to attract passionate people" (Suchy 2004, S. 31). Allerdings legen Studienergebnisse nahe, dass Kreative und Kulturschaffende in ihrer Persönlichkeit häufig so ausgerichtet sind, dass Selbstausbeutung und chronische Überforderung zum Dauerzustand werden, wie ein Schauspieler bestätigt:

> „Ich bin damit aufgewachsen, dass der Ton im Theater rauer ist. Warum eigentlich? Langsam kriege ich davon Tinnitus. Du kannst mir die Sachen ja normal sagen. Ich habe so viel Feuer im Arsch, dass ich mich allein pushen kann. Sag es mir normal und erwachsen. Ich habe genug eigenen Antrieb, um keine Rolle in den Sand setzen zu wollen. Ich spiele nicht einfach meinen Stiefel runter. Lieber kotze ich, weil ich merke, o Gott, heute bin ich schlecht, und dafür zahlen die Leute auch noch Geld. Ich zerfleische mich schon selbst und mache mich genug kaputt für meine Rollen. Ich brauche niemanden, der mich anschreit" (Lacher im Interview mit Seewald 2016).

Dabei fällt auch für die nicht-künstlerischen Kulturarbeiter ins Gewicht, dass in vielen Ausbildungsgängen der Umgang mit (eigenen und anderen) Ressourcen zu wenig Beachtung findet. Was im Studium noch Teil der Übung sein mag, kann im Berufsleben angesichts des chronischen Ressourcenmangels zur Belastung werden – auch und insbesondere, wenn kulturpolitische Ziele vage bleiben und damit nie ganz klar ist, ob und wann der Organisationszweck erreicht wurde.

3.3   Merkmale bei den Führenden

Da Gefolgschaft und Führung zwei Seiten einer Medaille sind, wird dieses Kapitel mit einigen exemplarischen Bemerkungen zu den Führungskräften abgeschlossen. Der Begriff Führungskraft wird in der betriebswirtschaftlichen Literatur mithilfe verschiedener, zu kombinierender Kriterien abgegrenzt, wie z. B.

- hierarchische Stellung bzw. Position im Kulturbetrieb,
- Führungsaufgaben bzw. -verantwortung sowie
- Entscheidungs- und Weisungsbefugnisse gegenüber anderen Organisationsmitgliedern.

In Abhängigkeit von der Größe und Strukturierung eines Kulturbetriebs können Führungskräfte auf mehreren Hierarchieebenen (und mit unterschiedlichem Verantwortungsumfang) anzutreffen sein. In der Praxis übliche Bezeichnungen für Verantwortungsträger sind u. a. Vorabeiter/in, Gruppenleiter/in, Abteilungsleiter/ in, Bereichsleiter/in, Geschäftsführer/in, Direktor/in. Grundsätzlich können sich alle der genannten Führungskräfte in einer sogenannten „Sandwich"-Position befinden, d. h. sie führen, werden gleichzeitig aber auch geführt (von der nächst höheren Hierarchieebene, von übergeordneten Gremien, dem Träger etc.).

Funktionsbezeichnung und tatsächliche Leitungsspanne
Im Widerspruch zum theoretischen Verständnis finden sich in der kulturbetrieblichen Praxis auch Stellen, die zwar als Funktionsbezeichnung, z. B. im Organigramm, das Wort „Leitung" enthalten (und damit implizieren, dass es sich bei dem/der Stelleninhaber/in um eine Führungskraft im o.g. Sinne handelt), denen aber keine Beschäftigten zugeordnet sind und die damit keine (relevanten) Entscheidungs- und Weisungsbefugnisse haben (Hausmann und Liegel 2018, S. 18). Aus der Praxis bekannt ist z. B. ein Fall, in dem eine ganze Abteilung an der Schnittstelle zum Publikum ausschließlich aus Leitern/innen besteht. Hieraus können nicht unerhebliche organisatorische (Führungs-)Probleme resultieren, die sich auf das Erreichen der Abteilungs- und Organisationsziele negativ auswirken. Ähnliches gilt übrigens für einen Fall, in dem nach einer (organisatorisch sinnvollen) Zusammenführung von zwei Abteilungen, eine Leitungsperson der anderen unterstellt wird (bei gleichzeitiger Beibehaltung der Funktionsbezeichnung).

Bedeutung informeller Führungskräfte

Im Fokus dieses *essentials* stehen legitimierte Führungskräfte, also jene Personen, die qua Position, Arbeitsvertrag und/oder Stellenbeschreibung eine Leitungsposition innehaben. De facto übernehmen jedoch in Kulturbetrieben auch häufig andere, nicht legitimierte Personen Führungsaufgaben:

- Eine solche informelle Führungskraft hat keine formale Autorität, d. h. in ihrer Stellenbeschreibung und/oder ihrem Arbeitsvertrag sind keine Leitungsaufgaben vorgesehen. Sie ist aber aufgrund bestimmter Merkmale bei anderen Organisationsmitgliedern so anerkannt, dass ihr mehr Einfluss zugeschrieben wird als anderen Organisationsmitgliedern. Zu diesen Merkmalen gehören z. B. lange Betriebszugehörigkeit und Berufserfahrung, besondere Eigenschaften und Fähigkeiten und/oder eigene Führungsambitionen.
- Die Existenz einer solchen informellen Führungskraft kann dann von *Vorteil* sein, wenn die formale Führungsperson häufig abwesend ist, nicht fähig zur Ausübung ihrer Führungsrolle ist oder bestimmte Führungsaufgaben nicht übernehmen will. Gerade in Kulturbetrieben entsteht schnell eine Situation, in der die eigentliche Leitung aufgrund von Gastdirigaten, Repräsentationsverpflichtungen etc. so selten vor Ort ist, dass sich die Geführten mit ihren beruflichen Alltagsproblemen zwangsläufig anderen Personen zuwenden (müssen). Damit das funktioniert, muss es ein Bewusstsein und eine Akzeptanz bei den Beteiligten darüber geben, dass die informelle Führungskraft temporär, d. h. in bestimmten, klar abgrenzbaren Situationen führt – und sich in anderen Zusammenhängen auch wieder in die zweite Reihe stellt.
- Wenn das Vorhandensein einer informellen Führungskraft allerdings nicht gewollt ist, nicht offen kommuniziert wird und/oder kein regelmäßiger Austausch zwischen formeller und informeller Führungskraft stattfindet, dann werden die *Nachteile* eines solchen nicht legitimierten Co-Leadership (vgl. Abschn. 3.1) überwiegen (z. B. Entstehung von Schattenstrukturen, Parallelarbeit, Lagerbildung, Unklarheit über die strategische Ausrichtung).

Narzissmus, Auswahlkriterien und Kompetenzerwerb

Es ist bei den Führungstheorien deutlich geworden, dass es den „geborenen Leader" so nicht gibt. Gleichzeitig wurde darauf hingewiesen, dass Führungskräfte in Kulturbetrieben zu extremen Temperamenten neigen, die vielleicht noch geeignet sind, kreative Prozesse zu initiieren, sich aber nachweislich negativ auf das Ziel einer gelingenden Führung auswirken, wie die Intendantin des *HAU Hebbel am Ufer* bestätigt: „Diesen Narzissmus, den viele Führungskräfte an den Tag legen, finde ich so unangemessen. Das HAU bin nicht ich alleine, das sind alle Personen, die hier arbeiten, und ich bin da vor allem eine Energiegeberin und Moderatorin" (Oswald 2018a).

Ins Gewicht fällt hierbei eine häufig (zu) einseitige Betonung der fachlichen Expertise bei der Auswahl von Führungskräften, auch aufgrund entsprechend zusammengesetzter Findungskommissionen. Dies bestätigt der Geschäftsführer beim *Museum Weserburg Bremen:* „Die meisten Führungspositionen im Kulturbetrieb werden (…) mit den besten Fachleuten besetzt (…), bisweilen ohne Rücksicht auf Führungskompetenzen" (Schößler im Interview mit Oswald 2018a). Allerdings ist es auch so, dass, wer sich nicht selbst weiterbildet und coachen lässt, im Rahmen seiner akademischen Ausbildung häufig nur wenig oder keine Handreichungen zum Thema erhält, v. a. nicht in künstlerischen und kultur- bzw. geisteswissenschaftlichen Studiengängen. Selbst Studierende des Kulturmanagement bleiben u. U. ohne Kenntnisse, wenn sie sich nicht dezidiert für Seminare zum Personalmanagement entscheiden – vorausgesetzt, diese werden im Curriculum überhaupt angeboten (Scheytt 2013, S. 29; Mertens 2019, S. 33).

Dies alles wäre weniger problematisch, wenn nicht gleichzeitig festzustellen wäre, dass es in vielen Institutionen unüblich ist, Führungskräfte systematisch „on the job" zu trainieren. Wie es besser gehen könnte, zeigt das Beispiel des *Staatstheater Darmstadt:*

> „Viel zu lange konnte man in Theatern ausschließlich Karriere aufgrund der fachlichen Expertise machen. Diese ist zweifelsohne ein wichtiger Baustein, ohne geht es nicht. Doch vorrangig geht es um die Führung von Mitarbeiterinnen und Mitarbeiter, also Menschen. Dabei sind essenzielle Kompetenzen nötig, etwa Motivation, Feedback, Konfliktfähigkeit, Moderation und und und. Das sind Leitungskompetenzen, die zu einer Besetzung führen oder die sich eine Kandidatin und ein Kandidat aneignen sollte. Daher haben wir eine umfangreiche Weiterbildungsreihe ins Leben gerufen, bei der Führungskräfte in unserem Hause die wichtigsten Zusatzqualifikationen erwerben, sich bilden und schulen können" (Schütz 2018).

Selbstführung als Daueraufgabe und Herausforderung

Als der Intendant des *Schauspielhaus Düsseldorf* vor einigen Jahren überraschend und mit sofortiger Wirkung zurücktrat, gab er als Ursache einen schweren Erschöpfungszustand an (Krings 2012). Was das mit Leadership zu tun hat? Neben der bedauerlichen Tatsache, dass es einem Individuum, das weit über die Grenzen seiner Belastbarkeit gegangen ist, gesundheitlich schlecht geht, sind von einer solchen Entwicklung immer auch andere Organisationsmitglieder betroffen, die nun zum Teil selbst unter Druck geraten, weil sie zusätzliche Verantwortung übernehmen und angefangene Arbeiten weiterführen müssen (laufende Proben, anstehende Premieren, offene Besetzungsentscheidungen etc.). Insofern kommt hier ein Leitsatz zum Tragen, der sich so oder in ähnlicher Form in der Literatur zum Handlungsfeld „Führung der eigenen Person" findet: Nur, wer sich selbst (gut) führen kann, der kann auch andere (gut) führen.

Führungskräfte sehen sich in Kulturbetrieben zahlreichen Herausforderungen gegenüber – nicht alle sind darauf bei Amtsantritt vorbereitet. Ins Gewicht fallen z. B. die unterschiedlichen *Rollenerwartungen,* zum einen aus dem *beruflichen* (Mitarbeiter/innen, Gremienmitglieder, Kulturpolitik) und zum anderen aus dem *privaten* Kontext (Familie, Freundschaften etc.). Hinzu kommen die Erwartungen an sich selbst. Nicht wenige Führungskräfte überfordern sich mit einem Anspruch, der – auch angesichts chronisch knapper Ressourcen – kaum zu erfüllen ist. Aus dieser Konstellation können *Rollenkonflikte* resultieren, die durch die typischen Arbeitsbedingungen im Kulturbereich noch verschärft werden: Unregelmäßige Arbeitszeiten aufgrund von Abend- und Wochenenddiensten, Premieren, Ausstellungseröffnungen, Sponsorendinner oder Ratssitzungen am Abend sind für viele Führungskräfte eher die Regel als die Ausnahme. Eine Verwischung von Privat- und Berufsleben ist damit berufsimmanent und die Theaterkantine wird zum zweiten Wohnzimmer. Hinzu kommen die Herausforderungen eines räumlich und zeitlich entgrenzten Arbeitens (Homeoffice, 24/7h Erreichbarkeit über Smartphones etc.), das zunehmende Tempo von Informationsgenerierung und -weiterleitung und damit einhergehend der (vermeintliche) Zwang, Entscheidungen „sofort" treffen zu müssen.

Auf diese Situation reagiert etwa die Intendantin des *HAU Hebbel am Ufer* wie folgt: „Wichtig finde ich bei dieser Frage die Betonung auf „Rolle". Es ist eine Rolle, keine Identität. (…) Und was ich sehe ist, dass sich Menschen manchmal zu sehr damit identifizieren, ‚der Chef' oder ‚die Chefin' zu sein. Das finde ich gefährlich; es kann den Charakter verderben. Deshalb möchte ich diese Rolle im Büro lassen, wenn ich nach Hause gehe" (Vanackere im Interview mit Oswald 2018a). Ein solcher bewusster Umgang mit den unterschiedlichen Rollen kann Teil der Bemühungen um Herstellung einer *Balance* zwischen Berufs- und Privatleben sein – und verstanden werden als die Wahrnehmung von Führungsverantwortung gegenüber der eigenen Person. Dabei ist angesichts der oben skizzierten organisatorischen Konsequenzen hervorzuheben, dass die Sicherung einer Work-Life-Balance eben nicht nur für das Individuum bedeutsam ist, sondern auch für die Gesamtorganisation, die daher ein hohes Eigeninteresse daran haben sollte, die Leistungsfähigkeit ihrer Führungskräfte langfristig zu unterstützen.

Aufgaben von Führung in Kulturbetrieben

4

4.1 Kern- und Querschnittsfunktionsaufgaben

Im Anschluss an die Beschreibung typischer Einflussfaktoren auf die Personalführung in Kulturbetrieben werden im Weiteren zentrale Führungsaufgaben herausgearbeitet. Diesbezüglich gilt Ähnliches, was bereits im Rahmen der Begriffsdiskussion deutlich wurde: In der Literatur findet sich kein einheitlicher Kanon. Aus Tab. 4.1 wird deutlich, wie vielfältig die Führungsaufgaben im Schrifttum gefasst werden. Zwei Überlegungen seien ergänzt: Zum einen wird das *Treffen von Entscheidungen* in den ausgewählten Literaturstellen selten explizit genannt. Angesichts der charakteristischen Merkmale von Führungssituationen in Kulturbetrieben soll diese Aufgabe hier allerdings ausdrücklich hervorgehoben werden. Ähnlich sieht das der Geschäftsführer der *Kultur-Betriebe Burgenland:*

„Die Geschäftsführung ist der Netzwerkknotenpunkt, der sich einerseits durch Generalistentum auszeichnet und andererseits die einzelnen Materien so gut kennt, dass mit Fachabteilungen inhaltlich anregende Diskussionen geführt werden können. Persönlich bin ich ein Fan davon, am Beginn von Projekten ein vielfältiges Meinungsbild zu haben, aber über den Weg der taktischen Ausführung. Irgendwann muss man dann eine Entscheidung treffen und diese liegt meistens bei der Geschäftsführung oder den Abteilungsleitungen. Das zählt definitiv zu den Kernaufgaben von dem, was Leadership ausmacht" (Kuzmits im Interview mit Brunner 2018).

Die Geschäftsführerin des *Landesverbands für Soziokultur Sachs*ens geht diesbezüglich sogar noch einen Schritt weiter und spricht von einer Entscheidungs-*pflicht* des mandatierten Verantwortungsträgers (Oswald 2018c).

© Springer Fachmedien Wiesbaden GmbH, ein Teil von Springer Nature 2019   27
A. Hausmann, *Cultural Leadership I*, essentials,
https://doi.org/10.1007/978-3-658-26674-5_4

Tab. 4.1 (Kern-)Aufgaben der Personalführung

Autor(en)	Aufgaben
Adair (1973)	• *Define the task:* The leader has to clarify (and to remind) what needs to be done (and why) by the group • *Achieve the task:* That is why the group exists. Leaders ensure that the group's purpose is fulfilled • *Maintain effective relationships:* Relationships – between a) the leader and the group members and b) within the group – are effective if they contribute to achieving the task
Kolb (2010)	• *Sachbezogene Aufgaben:* planen, entscheiden, organisieren, kontrollieren, Ergebnisse verantworten, Zukunft gestalten, Veränderungen anstoßen • *Personenbezogene Aufgaben:* Mitarbeiter/innen auswählen/einführen, informieren/kommunizieren, delegieren, Ziele vereinbaren, motivieren, fördern/entwickeln, Vorbild sein
Scherm und Süß (2016)	• Motivation der Mitarbeiter/innen durch die Gewährung von Anreizen und die Ermöglichung der Bedürfnisbefriedigung • Koordination des arbeitsteiligen Handelns und seine Kontrolle
Schwarz et al. (2016)	• Lob und Anerkennung • Konstruktive Kritik und Beurteilung • Motivation der Mitarbeiter/innen
Sprenger (2012)	• Zusammenarbeit organisieren • Transaktionskosten senken • Ziel- und Wertkonflikte entscheiden • Zukunftsfähigkeit sichern • Mitarbeiter/innen führen i. e. S. (Kommunikation, Vertrauen etc.)

Zum anderen wird in Tab. 4.1 Motivation wiederholt als Führungsaufgabe genannt. Aber können Mitarbeiter/innen in Kulturbetrieben tatsächlich von anderen – konkret: von ihren Vorgesetzten – motiviert werden? Dieser wichtigen Frage wird noch einmal in Abschn. 4.2 nachgegangen. An dieser Stelle bleibt festzuhalten, dass viele der in Tab. 4.1 angeführten Aufgaben als *originäre* Führungsaufgaben verstanden werden können, die nicht delegierbar sind (Schwarz et al. 2016, S. 22). Tatsächlich ist es aber so, dass in der Kulturbetriebspraxis noch eine Reihe von weiteren Aufgaben warten. Diese sind zwar bis zu einem gewissen Umfang an fähige Mitarbeiter/innen delegierbar (z. B. in Kulturbetrieben mit eigener Personalabteilung), erfordern dennoch die regelmäßige Einbeziehung des/der Vorgesetzten. Im Kontext der anderen Handlungsfelder des Personalmanagement, wie z. B. Bedarfsplanung, Personalauswahl oder -freisetzung, stellt Personalführung insofern eine *Querschnittsfunktion* (Bühner 2010, S. 256) dar, als die Führungskraft auf in diesen Handlungsfeldern zu lösende Probleme mit Führungsverhalten (Entscheidungsfindung, Verantwortungsübernahme etc.) reagieren muss. Dies sei für ausgewählte Beispiele nachfolgend veranschaulicht:

Leadership und Personalplanung

Die Zukunftsfähigkeit einer Organisation hängt davon ab, inwiefern die Führungskraft trotz alltäglicher operativer Probleme eine strategische Perspektive einnehmen kann: Welche *Aufgaben* werden in den nächsten fünf Jahren dazukommen und welche an Bedeutung verlieren? *Wie viele* Mitarbeiter (quantitativer Aspekt) und welche *Kompetenzen* (qualitativer Aspekt) werden für neue Aufgaben *wann* (zeitlicher Aspekt) benötigt? So lässt sich z. B. für das Aufgabengebiet Social Media/Online-Marketing belegen, dass hierfür zunächst nur wenige Kulturbetriebe eine eigene Stelle für notwendig hielten. Oft genug wurde das Personal aus der Presse- und Öffentlichkeitsarbeit dazu verpflichtet, Facebook und Co. noch „nebenbei", z. T. sogar in seiner Freizeit zu pflegen. Zunehmend mehr Vorgesetzte haben jedoch erkannt, wie wichtig und zeitintensiv ein professionelles Online-Marketing ist und haben zusätzliche Ressourcen freigegeben.

Leadership und Personalgewinnung/-auswahl

Die bedeutsamste Aufgabe von Führungskräften, das bestätigt auch die Operndirektorin am *Theater Basel,* liegt de facto in der Beschaffung und Auswahl der *richtigen* Mitarbeiter: „Eine der wichtigsten Führungsaufgaben geschieht bereits, bevor es richtig losgeht. Das Team muss sorgfältig ausgesucht und zusammengebracht werden" (Berman im Interview mit Moghimi 2018). Dabei gilt auch im Kulturbetrieb: Je besser die Mitarbeiter/innen sind – im Sinne vorab definierter fachlicher Qualifikationen, aber ebenso hinsichtlich sozialer Kompetenzen und der Passfähigkeit in ein bereits bestehendes Team –, desto leichter lassen sich die Organisationsziele verfolgen und desto höher kann der Anteil an originären Aufgaben im Aufgabenspektrum der Führungskraft sein (bzw. desto geringer der Anteil an operativen Aufgaben). Dabei gilt auch in Kulturbetrieben die alte Regel: „Starke und fähige Abteilungsleiter haben starke und fähige Mitarbeiter" (Theaterintendant Wieland im Interview mit Schütz 2018).

Leadership und Personaleinführung

Ein häufig vernachlässigter Aspekt stellt die zielgerichtete Einführung – auch: *Onboarding* – von neuen Mitarbeitern/innen dar. Diese erstreckt sich von der Unterweisung in die konkreten Arbeitsaufgaben über die Information zur generellen Arbeitsweise im Kulturbetrieb, zu seinen typischen Ritualen und Werten, bis hin zur sozialen Eingliederung in das unmittelbare Arbeitsumfeld bzw. Team. Es ist eine wichtige, nicht delegierbare Aufgabe der Führungskraft diese Eingewöhnungszeit in einer Form zu begleiten, die den neuen Organisationsmitgliedern ein Gefühl des Willkommenseins vermittelt, notwendige Lern- und Anpassungsprozesse auf beiden Seiten unterstützt und insgesamt eine schnelle Integration in die Arbeitsabläufe ermöglicht. Das ist nicht zuletzt auch unter ökonomischen Gesichtspunkten sinnvoll: Denn zum einen sind bereits umfangreich Ressourcen in den Auswahlprozess geflossen, die nicht mehr an anderer Stelle eingesetzt werden können („sunk costs"); zum anderen ist es im Interesse von Führungskraft und Gesamtorganisation, dass alle Stellen möglichst so besetzt sind, dass die Leistungsfähigkeit dauerhaft gewährleistet bleibt.

Leadership und Personalentwicklung
Die Arbeitswelt verändert sich so schnell, dass es unerlässlich ist, die Kompetenzen des vorhandenen Personals zu aktualisieren und auszubauen – „fördern und fordern" ist hier ein beliebtes Motto. In der Kulturbetriebspraxis stößt die Umsetzung von Personalentwicklung allerdings auf verschiedene Hindernisse: Zum einen wird die Bedeutung von Qualifizierungsmaßnahmen insgesamt gering geschätzt, häufig gepaart mit einer fehlenden Einsicht, warum hierfür Geld ausgegeben werden soll. Zum anderen wird *systematische* Personalentwicklung in der kulturbetrieblichen Praxis oft gar nicht als Führungsaufgabe wahrgenommen, sondern es bleibt engagierten Beschäftigten überlassen, sich selbst um Angebote und deren Finanzierung zu bemühen. Damit aber kommen Führungskräfte nicht ihrer Verantwortung nach, besondere Fähigkeiten zu erkennen und Stärken zu fördern, aber eben auch die Qualifizierungsdefizite von Mitarbeitern/innen zu verringern.

Leadership und Personalfreisetzung
Führende und Geführte kommen nicht immer zusammen. Nur in den seltensten Fällen ist die Ursache hierfür eindeutig. Oft eskalieren Konflikte und beschädigen am Ende alle Beteiligten, wie im Fall der fristlosen Kündigung der Intendantin des *Tanztheaters Wuppertal Pina Bausch* durch den hierzu vom Theaterbeirat ermächtigten Geschäftsführer (NK 2018). Bevor es zu einer endgültigen Trennung von Personal kommt, ist bereits einiges vorgefallen, in der Regel haben auch Kollegen und u. U. weitere Stakeholder (Besucher, Kooperationspartner etc.) unter der Konfliktsituation zu leiden gehabt. Auch das Trennungsmanagement fällt in den Aufgabenbereich einer Führungskraft. Ob eine faire Trennung möglich ist, die am Ende der Zusammenarbeit einen versöhnlichen Rückblick auf die gemeinsame Zeit erlaubt, oder ob eine Freisetzung unter

Ausschöpfung aller rechtlichen Mittel erfolgt, sind Entscheidungen, die zwar von anderen vorbereitet, aber letztendlich nur von dem/der Vorgesetzten – unter Einbeziehung der in Kulturbetrieben häufig relevanten Gremien (Stiftungsrat, Beirat etc.) – getroffen werden können.

4.2 Mitarbeitermotivation und „das Prinzip Selbstverantwortung"

Wie oben angesprochen wird auch die Motivation von Mitarbeiter/innen in Teilen des Schrifttums explizit als Führungsaufgabe genannt; sie wird mitunter sogar als „eine der wichtigsten und schwierigsten Aufgaben einer Führungskraft" bezeichnet (Franken 2007, S. 79). Ein genauerer Blick zeigt dabei kleine Unterschiede in den jeweiligen Formulierungen, die jedoch, wie noch deutlich werden wird, sehr relevant sind. Es seien zwei Beispiele zur Veranschaulichung angeführt: Führung heißt,

- „den Geführten dazu zu motivieren, seinen Beitrag zur Erreichung der Projektziele zu leisten" (Müller-Lindenberg 2005, S. 73).
- „dem Mitarbeiter die Möglichkeit zu eröffnen, seine intrinsische Motivation zu entfalten" (Bühner 2010, S. 263).

Wo liegt nun der Unterschied? Zunächst ist festzuhalten, dass unter Mitarbeitermotivation „the force that energizes, directs and sustains the behaviour of employees" (Armstrong 2017, S. 170) verstanden werden kann. Dabei wird typischerweise unterschieden in eine *intrinsische* Motivation, d. h. das Verhalten am Arbeitsplatz „is affected by factors that may arise from the work itself and are self-generated" und einer *extrinsischen* Motivation, „which occurs when things are done to or for people to motivate them" (Armstrong 2017, S. 170). Allerdings gilt die zweite Art der (Fremd-)Motivation zunehmend als umstritten (u. a. Sprenger 2014), auch weil hier häufig auf monetäre *Anreize* gesetzt wird, die in der Regel einen sich selbst verstärkenden Effekt haben und zudem, gerade auch in Kulturbetrieben, gar nicht der wesentliche Treiber für Leidenschaft und Engagement am Arbeitsplatz sind.

Die o. g. Unterscheidung lässt sich zurückführen auf Erkenntnisse aus Motivationstheorien, in denen versucht wird, modellhaft zu erklären, warum Menschen motiviert sind und zufrieden mit einer bestimmten Tätigkeit (ausführlich Weibler 2016, S. 98 ff.). Ähnlich wie bei den Führungstheorien verfügen auch die Motivationstheorien über Schwächen, die virulent werden, wenn sie mit der Praxis konfrontiert werden. Die Aufmerksamkeit soll daher nachfolgend auf Erklärungsansätze aus der Managementpraxis gelenkt werden, die auch im Kulturbetrieb Orientierung bieten können – und einen wichtigen *Perspektivwechsel* beinhalten. Dies soll an einem Beispiel illustriert werden: In einem Beratungsprojekt mit einem renommierten Kulturbetrieb wurde der Autorin vonseiten der Beschäftigten in verschiedenen Varianten zugetragen, wie sehr die aktuellen Führungskräfte ein Problem darstellen. *Wenn,* so war die Auffassung bei Teilen der Belegschaft, diese Führungskräfte nur mehr vor Ort wären, mehr (und besser) kommunizieren würden, besser planen würden etc., *dann* könnten, würden und wollten die Mitarbeiter/innen mehr motiviert und insgesamt zufriedener sein. Aber so, so könnten, würden und wollten sie eben nicht.

Was war hier passiert? Ein Teil der Beschäftigten hatte es sich über die Jahre zu eigen gemacht, einen „Schuldigen" bzw. „Verantwortlichen" zu suchen und zu finden. Dies werden auch in vielen anderen Kulturbetrieben in erster Linie die Führungskräfte sein, aber nachgeordnet sind es auch häufig die Kollegen/innen aus anderen Abteilungen und/oder die fehlenden Ressourcen. In der Logik von Kausalsätzen gilt damit ein Begründungszusammenhang wie folgt: Die Beschäftigten verhalten sich so (und nicht anders), *weil* die Führungskraft so ist, wie er/sie ist. Das heißt konsequenterweise für die Mitarbeiter/innen auch: *Wäre* die Führungskraft anders, dann *wären* auch sie anders. Es kommt damit zu einem Irrealis der Gegenwart und die gesamte Organisation bleibt unter ihren Möglichkeiten.

Für diese unglückliche Situation schlägt Sprenger (2015) in seinem viel beachteten Buch in 13. Auflage pragmatisch und plakativ zugleich das *Prinzip Selbstverantwortung* als Lösung vor (ähnlich Malik 2013, S. 159 ff.). Während Verantwortung die Zuständigkeit ist, die bei jemandem *für etwas* vor oder *gegenüber jemandem* liegt (Höffe 1993), so ist die Selbstverantwortung eine Zuständigkeit für oder gegenüber *sich selbst.* Unter Selbstverantwortung kann damit eine freiwillige Bereitschaft (d. h. ein Wählen und Wollen) und gleichzeitig eine Pflicht verstanden werden, für das eigene Handeln am Arbeitsplatz (d. h. für Tun *und* Unterlassen) Verantwortung zu übernehmen – und damit auch Konsequenzen zu tragen. Hieraus ergeben sich verschiedene interessante Empfehlungen für die in Kulturbetrieben am Führungsprozess Beteiligten, wie nachfolgend exemplarisch aufgezeigt wird:

- Motivation ist etwas Intrinsisches, das nicht von außen zugeführt werden kann; ihr entspricht eine innere individuelle Werthaltung dessen, was am Arbeitsplatz zu tun oder zu lassen ist: „Es ist daher außerordentlich wichtig, selbst die Verantwortung für die Energie und die Freude an der Arbeit zu übernehmen. Und sich nicht ‚motivieren' zu lassen" (Sprenger 2015, S. 80).

- Selbstverantwortung und Motivation sind damit eine Einstellungssache. Dabei hilft es den Beteiligten, sich daran zu erinnern, dass die berufliche Situation bzw. der Arbeitsplatz frei gewählt wurden: „Jede andere Motivation als die, mit Hingabe zu tun, was Sie gewählt haben, landet mit mechanischer Sicherheit in Frustration, Demotivation (…)" (Sprenger 2015, S. 80).
- Damit aber sollten Geführte lediglich darin unterstützt werden, wie auch die Geschäftsführerin des *Landesverbands für Soziokultur Sachsens* hervorhebt, „dass sie ihre Kompetenzen und Potenziale bestmöglich ausschöpfen und eine eigene Motivation entwickeln, um die Ziele des Hauses zu ihren eigenen, intrinsischen werden zu lassen" (Pallas im Interview mit Oswald 2018c).
- Geführte sollten jedoch nicht darin unterstützt werden, unter ihrer Verantwortung zu bleiben. Insbesondere sollten Führungskräfte nichts an sich ziehen, was Mitarbeiter/innen eigentlich selbst übernehmen könnten, wie z. B. mögliche Lösungsansätze für ein Entscheidungsproblem zu entwickeln oder eine übertragene Aufgabe abschließend zu bearbeiten (anstatt sie, z. B. mit dem Verweis „hieran müsste ggf. noch etwas gemacht werden", unfertig abzuliefern). Sprenger (2015, S. 95) formuliert in diesem Zusammenhang plakativ aber zielsicher, dass jede Arbeit ein signiertes Selbstporträt darstellt.

Selbstverantwortung braucht allerdings entsprechende Rahmenbedingungen. Diese zu schaffen, ist originäre Aufgabe der Führenden, wie auch Operndirektorin Berman betont: „Ich sehe mich als Ermöglicher. Meine Aufgabe ist es, Rahmenbedingungen zu schaffen, in denen die Künstler ihre Arbeit gut machen können" (Moghimi 2018). Ähnlich sieht das Museumsleiterin Ludwig: „Meine Führungsrolle besteht also vor allem darin, dass ich die Verantwortung nach außen trage und die unangenehmen Sachen mache. Das wissen meine Mitarbeiter und fühlen sich geschützt" (Oswald 2018b). Statt also den (vergeblichen) Versuch zu unternehmen, andere zu motivieren, nutzt die Führungskraft ihre Ressourcen um Rahmenbedingungen solcherart zu schaffen, dass die Beschäftigten ihren Aufgaben selbstverantwortlich und motiviert nachgehen können. Wie Abb. 4.1 zeigt, gehören hierzu z. B.

- *Arbeitsinhalte:* Aufgabenzuweisung gemäß den Fähigkeiten der Geführten, die ihre Stelle im Kulturbereich typischerweise (hoch-)qualifiziert antreten (d. h. weder Über- noch Unterforderung), sowie gleichzeitig eine Orientierung bzw. Einordnung der zugewiesenen Aufgaben in den organisatorischen Gesamtkontext: „Sehr wichtig ist, dass man ein künstlerisches Konzept und eine Vision vorgibt. Die Menschen müssen wissen, warum sie für eine Arbeit ausgewählt worden sind und was von ihnen erwartet wird" (Moghimi 2018).

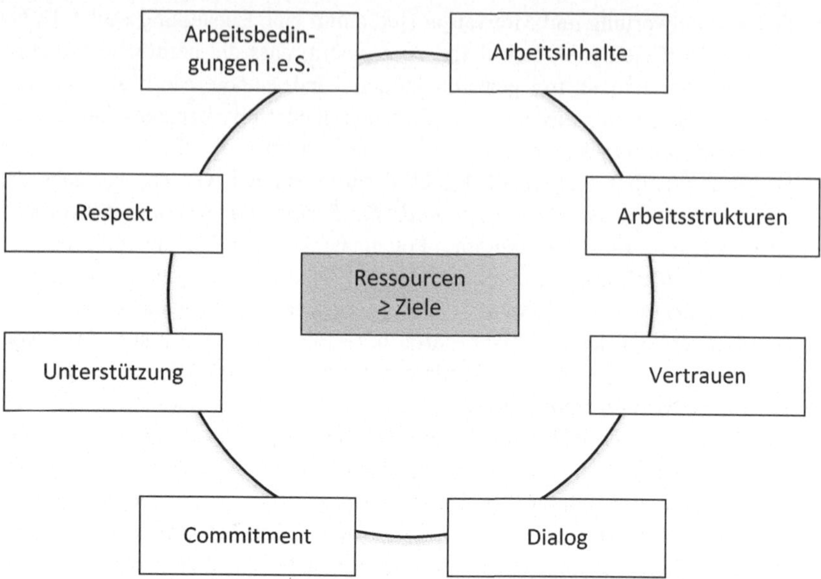

Abb. 4.1 Rahmenbedingungen für Selbstverantwortung und Motivation

- *Strukturen:* Hierzu gehört zunächst die Schaffung von für den jeweiligen Kulturbetrieb bzw. Führungsverantwortlichen passenden hierarchischen Arbeitsstrukturen, wie das Beispiel der Operndirektorin Berman veranschaulicht: „Ich selbst mag keine hierarchischen Strukturen und brauche das Gefühl, dass ich mich frei bewegen kann. Ich versuche deshalb, eine relativ flache Hierarchie mit hoher Transparenz zu schaffen, die den Mitarbeitern Eigenverantwortung und Teilnahme am Prozess ermöglicht und ihnen das Gefühl gibt, viel Raum zu haben" (Moghimi 2018). Darüber hinaus ist hier auch eine klare Strukturierung von Zuständigkeiten angesprochen, die nicht nur in Organisationen der darstellenden Kunst häufig fehlt: „Ein Problem im Theaterbetrieb ist die unklare Verteilung von Kompetenzen. Dies führt oft zu Rivalitäten und Machtkämpfen. Besser ist es meiner Meinung nach, Zuständigkeiten sehr klar zu verteilen und auch in diesem Bereich fair, transparent und beständig zu handeln" (Moghimi 2018).
- *Vertrauen:* Vertrauen (bzw. der Vertrauensvorschuss) stellt eine essenzielle Grundlage gelingender Führungsbeziehungen dar und sollte wechselseitig gewährt werden. Während also z. B. die Führungskraft (zunächst) grundsätzliches Vertrauen in die Leistungs- und Verantwortungsbereitschaft der

Geführten hat, vertrauen diese (zunächst) prinzipiell auf die Bereitschaft des/der Vorgesetzten zur Übernahme von Führungsverantwortung. Damit der Vertrauensvorschuss nicht aufgebraucht bzw. entzogen wird, müssen die am Führungsprozess Beteiligten allerdings ihre Verantwortungen auch übernehmen wollen.

- *Dialog:* Kommunikation ist *das* zentrale Instrument von Führung (Hausmann 2019a, Abschn. 3.1). Erfolgreiche Kommunikation ist dabei keine „Einbahnstraße", sondern sie erfordert einerseits Bereitschaft zum Dialog über die organisatorischen Spielregeln und andererseits zum Zuhören – auch z. B. den Impulsen einer jüngeren Generation von Beschäftigten: „Von meinen zukünftigen ArbeitgeberInnen erwarte ich, dass das Entwicklungspotenzial genutzt wird. Dafür müssen Strukturen, Abläufe und Denkmuster ab und zu neu durchdacht werden. Der Kommentar, dass etwas aber schon immer so gemacht wurde, ist tödlich" (Schiller 2018, S. 44).

- *Commitment:* Gemeint ist hiermit die gegenseitige, konsequente Einhaltung von Vereinbarungen, z. B. im Hinblick auf die fristgerechte, adressatenorientierte Bearbeitung (und Abnahme) von Aufgaben. Angesichts der zentralen Bedeutung von Verbindlichkeit für gelingende Führungsbeziehungen in Organisationen seien hier die pointierten Empfehlungen von Sprenger (2015, S. 223) zitiert: „1. Geben Sie niemals Ihr Commitment, wenn Sie nicht sicher sein können, es zu halten. 2. Geben Sie Ihr Commitment nur für Vereinbarungen, die für Sie wichtig sind. 3. Schreiben Sie Ihre Commitments auf". Die Nachverhandlung von Deadlines sollte damit für alle am Führungsprozess Beteiligten eine Ausnahme von der Regel sein – und nicht, wie in Kulturbetrieben häufig der Fall, umgekehrt.

- *Unterstützung:* Bezieht sich auf die Bereitschaft, sich bei der Bewältigung der gemeinsamen Aufgabe bzw. hierbei anfallender Probleme gegenseitig zu helfen, unabhängig von der jeweiligen Rolle und ohne, dass dies in der Organisation als Ausdruck von persönlichem Versagen gewertet würde (zum Stichwort Fehler*kultur* vgl. Hausmann 2019a, Abschn. 4.2). Davon unberührt bleibt allerdings die „schlussendliche Verantwortung immer beim mandatierten Verantwortungsträger", wie auch die Geschäftsführerin des *Landesverbands für Soziokultur Sachsens* hervorhebt (Oswald 2018c).

- *Respekt:* Dieser bezieht sich zum einen auf das individuelle Anderssein des Anderen, z. B. hinsichtlich seiner Art, eine Aufgabe zu bearbeiten, Prioritäten zu setzen oder Sachverhalte einzuschätzen, sowie zum anderen auf unterschiedliche Wert- und Zielvorstellungen ganzer Organisationseinheiten (vgl. Abschn. 3.2). (Fehlender) Respekt wirkt sich direkt auf das Arbeitsklima aus, für das die Führungskräfte in Kulturbetrieben zwar nicht alleine, aber doch beispielgebend verantwortlich ist: „Die Praxis bestätigt immer wieder, dass der Fisch vom Kopf her stinkt. Respekt, Höflichkeit und Solidarität untereinander werden maßgeblich davon beeinflusst, wie sich die Führung verhält. Indizien für ein gutes Teamklima sind für mich dann auch Kleinigkeiten, wie z. B. die konfliktfreie Erledigung des Abwaschs" (Oswald 2018c).

- *Arbeitsbedingungen i .e. S.:* hierzu gehört z. B. die (räumliche) Beschaffenheit des Arbeitsplatzes sowie insbesondere eine angemessene Ausstattung mit Hard- und Software. Was dabei „angemessen" ist, definiert sich zunehmend mehr von der stark umworbenen jungen Generation, die zwar nach wie vor bereit zu sein scheint, für einen Arbeitsplatz in der Kultur Abstriche bei der Bezahlung zu machen, aber u. U. nicht mehr bei bestimmten technologischen Standards: „Wir sind mit Computern, Handys und Smartphones aufgewachsen (…). Wenn ich an meinem ersten Tag den Arbeits-PC hochfahre und mir der Schriftzug „Windows 2000" oder „Windows XP" entgegenkommt, würde ich mich wahrscheinlich für den Kaffee bedanken, meine Tasche packen und direkt wieder den Ausgang suchen (…). Es mag vielleicht amüsant klingen, aber das würde mich erschrecken und mich dazu zwingen, meine Arbeitgeberwahl zu überdenken" (Walther 2017, S. 46).

- *Ressourcen ≥ Ziele:* Auch diese Rahmenbedingung spiegelt sich in vielen Kommentaren auf der Arbeitgeberbewertungsplattform *Kununu* wider und sie wurde aufgrund ihrer zentralen Bedeutung in den Mittelpunkt von Abb. 4.1 gerück. Das Größer-gleich-Zeichen zielt auf die Fähigkeit einer Führungskraft ab, im Blick zu behalten, ob die Organisations- und Abteilungsziele mit den vorhandenen Ressourcen tatsächlich erreicht werden können. Ist das mittel- bis langfristig nicht der Fall, so liegt es in ihrer originären Verantwortung, dieses Ungleichgewicht zu beheben. Zur Verfügung steht dazu eine Reihe an Optionen, wie z. B. neuer Zuschnitt von Aufgabenbereichen, Identifizierung und Analyse von Ressourcenfressern, Qualifizierung des vorhandenen Personals, Einstellung von zusätzlichen Beschäftigten und/oder (temporäre) Anpassung der Ziele an die Ressourcen. Mindestens eine dieser Handlungsalternativen muss gewählt werden, wenn der Kulturbetrieb, seine Führungskräfte und die Geführten nicht dauerhaft in einem – wenig motivationsförderlichen – Ungleichgewicht arbeiten wollen.

Literatur

Adair, J. (1973). *Action-centred leadership*. London: McGraw-Hill.

Armstrong, M. (2017). *Armstrong's handbook of human resource management practice* (14. Aufl.). London: Kogan Page.

Bass, B. M., & Bass, R. (2009). *The bass handbook of leadership: Theory, research, and managerial applications* (4. Aufl.). New York: Free Press.

Bass, B. M. (1990). *Bass & stogdill's handbook of leadership: Theory, research, and managerial applications* (3. Aufl.). New York: Free Press.

Blake, R. R., & Mouton, J. S. (1964). *The new managerial grid – Key orientations for achieving production through people*. Houston: Gulf Publishing Company.

Binner, M. (2018). Arbeiten Sie hier bloß nicht! https://www.handelsblatt.com/unternehmen/beruf-und-buero/buero-special/arbeitgeber-bewertung-im-netz-arbeiten-sie-hier-bloss-nicht/11352334.html. Zugegriffen: 24. Apr. 2019.

Boerner, S., & Krause, D. E. (2002). Führung im Orchester: Kunst ohne künstlerische Freiheit? Eine empirische Untersuchung. *Zeitschrift für Personalforschung, 16*(1), 90–106.

British Council. (2017). What is cultural leadership? https://creativeconomy.britishcouncil.org/media/uploads/files/Cultural_Leadership_2.pdf. Zugegriffen: 24. Apr. 2019.

Brunner, M. (2018). Führung bei den Kultur-Betrieben Burgenland. Für den richtigen Durchblick sorgen. https://www.kulturmanagement.net/Themen/Fuehrung-bei-den-Kultur-Betrieben-Burgenland-Fuer-den-richtigen-Durchblick-sorgen,2333. Zugegriffen: 24. Apr. 2019.

Bühner, R. (2010). *Personalmanagement* (3. Aufl.). München: Oldenbourg.

Deutscher Bühnenverein (DBV). (2018). Wertebasierter Verhaltenskodex zur Prävention von sexuellen Übergriffen und Machtmissbrauch. http://www.buehnenverein.de/de/sonderseiten/wertebasierter-verhaltenskodex.html. Zugegriffen: 24. Apr. 2019.

Deutschlandfunk (DLF). (2019). Museen und Kunstinstitutionen. Kuratoren – die neuen Sündenböcke? Sendung vom 10. März 2019. https://www.deutschlandfunk.de/museen-und-kunstinstitutionen-kuratoren-die-neuen.1184.de.html?dram:article_id=440525. Zugegriffen: 24. Apr. 2019.

Fachverband Kulturmanagement (FKM). (2018). 11. Jahrestagung des Fachverbands Kulturmanagement: Cultural Leadership & Innovation. https://www.fachverband-kulturmanagement.org/arbeitstitel-cultural-leadership-innovation/. Zugegriffen: 24. Apr. 2019.

© Springer Fachmedien Wiesbaden GmbH, ein Teil von Springer Nature 2019
A. Hausmann, *Cultural Leadership I*, essentials,
https://doi.org/10.1007/978-3-658-26674-5

Franken, S. (2007). *Verhaltensorientierte Führung: Handeln, Lernen und Ethik in Unternehmen* (2. Aufl.). Gabler: Wiesbaden.

Genossenschaft Deutscher Bühnen-Angehöriger (GDBA). (2012). Krisenticker NRW. https://www.buehnengenossenschaft.de/blog/weblog/nordrhein-westfalen. Zugegriffen: 24. Apr. 2019.

Graber, R., Stuiber, P., & Weiss, S. (2018). Aufschrei auf offener Bühne: Burgtheater-Mitarbeiter stehen gegen Machtmissbrauch auf. https://derstandard.at/2000073542781/Aufschrei-auf-offener-Buehne-Burgtheater-Mitarbeiter-stehen-gegen-Machtmissbrauch-auf. Zugegriffen: 24. Apr. 2019.

Hausmann, A. (2013). Mitarbeiter als (wichtigste) Ressource: Rahmenbedingungen, Aufgabenfelder und Besonderheiten des Personalmanagement in Kulturbetrieben. In A. Hausmann & L. Murzik (Hrsg.), *Erfolgsfaktor Mitarbeiter: Wirksames Personalmanagement für Kulturbetriebe* (2. Aufl., S. 39–60). Wiesbaden: Springer.

Hausmann, A. (2017). Eckpfeiler eines bedeutsamen Konzepts. Das Verständnis von Cultural Leadership im Kulturbetrieb. *Kulturmanagement Magazin, Dezember, 128,* 32–36.

Hausmann, A. (2019a). *Cultural Leadership II. Instrumente der Personalführung in Kulturbetrieben.* Wiesbaden: Springer.

Hausmann, A. (2019b). *Kompaktwissen Kulturmanagement* (2. Aufl.). Wiesbaden: Springer.

Hausmann, A., & Liegel, A. (2018). Zur Repräsentation von weiblichen Führungskräften in Museen. Stand der Forschung und empirische Ergebnisse. https://kulturmanagement.ph-ludwigsburg.de/fileadmin/subsites/2c-kuma-t-01/PDF/Forschung/Studie_Weibliche_Fuehrungskraefe_in_Museen.pdf. Zugegriffen: 24. Apr. 2019.

Herring, M. (2012). Besucherorientierung im Museum. Qualifizierung von Mitarbeitern in der Museumsaufsicht. In F. Loock & O. Scheytt (Hrsg.), *Kulturmanagement & Kulturpolitik* (S. 1–26). Stuttgart: Dr. Josef Raabe. (11/2012).

Höffe, O. (1993). *Moral als Preis der Moderne.* Frankfurt/M: Suhrkamp.

Klein, A. (2009). *Leadership im Kulturbetrieb.* Wiesbaden: Springer VS.

Kolb, M. (2010). *Personalmanagement* (2. Aufl.). Wiesbaden: Gabler.

Koska, D. (2011). Das Traumpaar. Doppelspitzen in Kultureinrichtungen. In F. Loock & O. Scheytt (Hrsg.), *Kulturmanagement & Kulturpolitik* (S. 1–14). Stuttgart: Dr. Josef Raabe.

Krings, D. (2012). Warum Staffan Holm als Intendant scheiterte. https://rp-online.de/nrw/staedte/duesseldorf/kultur/warum-staffan-holm-als-intendant-scheiterte_aid-13945965. Zugegriffen: 24. Apr. 2019.

Kulturmanagement Magazin (KM). (2017). *Cultural Leadership,* Dezember, 18.

Lowe, A., & Lowe, K. B. (2014). Cross-cultural Leadership. In G. Goethals & G. Sorenso (Hrsg.), *Encyclopedia of leadership* (S. 300–306). Thousand Oaks: SAGE.

Malik, F. (2013). *Führen. Leisten. Leben: Wirksames Management für eine neue Zeit.* Frankfurt a. M.: Campus.

Macharzina, K., & Wolf, J. (2008). *Unternehmensführung* (6. Aufl.). Wiesbaden: Gabler.

Mandel, B. (2018). Cultural Leadership im Generationenwandel. Ergebnisse einer Befragung. *Kulturpolitische Mitteilungen, 163, IV,* 86–87.

Mitteldeutscher Rundfunk (MDR). (2018). Nach #MeToo: Mitteldeutsche Theater befürworten Verhaltenskodex. https://www.mdr.de/kultur/themen/nach-metoo-mitteldeutsche-theater-verhaltenskodex-100.html. Zugegriffen: 24. Apr. 2019.

Mertens, G. (2013). Welche Rolle spielt das Personalmanagement in Kultureinrichtungen? Eine Bestandsaufnahme zum Status quo. In A. Hausmann & L. Murzik (Hrsg.), *Erfolgsfaktor Mitarbeiter: Wirksames Personalmanagement für Kulturbetriebe* (2. Aufl., S. 61–72). Wiesbaden: Springer.

Mertens, G. (2019). *Orchestermanagement* (2. Aufl.). Wiesbaden: Springer.

Moghimi, J. (2018). Es gibt keine Diven. https://www.kulturmanagement.net/Themen/ Interview-ueber-Fuehrung-im-Opernbereich-Es-gibt-keine-Diven,2310.   Zugegriffen: 24. Apr. 2019.

Muffler, M. (2017). Antrieb: Leidenschaft. *Kulturmanagement Magazin, 122,* 29–31.

Müller-Lindenberg, M. (2005). *Führung in zeitkritischen und komplexen Projekten,* zgl. dissertation, Gabler, Wiesbaden.

Nachtkritik (NK). (2018). Tanztheater Wuppertal: Intendantin gekündigt. Harter Schnitt. https://www.nachtkritik.de/index.php?option=com_content&view=article&id=15667:ku-endigung-fuer-intendantin-des-tanztheaters-wuppertal&catid=126&Itemid=100089. Zugegriffen: 24. Apr. 2019.

Oswald, K. (2018a). Vom Menschen aus denken Teil II. https://www.kulturmanagement. net/Themen/Fuehrung-in-der-Kulturmanagement-Praxis-Vom-Menschen-aus-Denken-Teil-II,2316. Zugegriffen: 24. Apr. 2019.

Oswald, K. (2018b). Eine junge Museumsleiterin stellt sich großen Herausforderungen. https://www.kulturmanagement.net/Themen/Kleine-Museen-leiten-Eine-junge-Museumsleiterin-stellt-sich-grossen-Herausforderungen,2322. Zugegriffen: 24. Apr. 2019.

Oswald, K. (2018c). Vom Menschen aus denken Teil I. https://www.kulturmanagement. net/Themen/Fuehrung-in-der-Kulturmanagement-Praxis-Vom-Menschen-aus-Denken-Teil-I,2314. Zugegriffen: 24. Apr. 2019.

Rosenstiel, L. von (2014). Grundlagen der Führung. In L. von Rosenstiel, E. Regnet & M. E. Domsch (Hrsg.), *Führung von Mitarbeitern. Handbuch für erfolgreiches Personalmanagement* (7. Aufl., S. 3–28). Stuttgart: Schäffer-Poeschel.

Scherm, E., & Süß, S. (2016). *Personalmanagement* (3. Aufl.). München: Vahlen.

Scheytt, O. (2013). Personalsuche für Kulturbetriebe. *Kulturmanagement Network Magazin, 82*(September), 29–33.

Schiller, L. (2017). Wir bringen Potenzial in den Kulturbetrieb! *Kulturmanagement Network Magazin, 122,* 44–45.

Schmidbauer, W. (2009). *Persönlichkeit und Menschenführung. Vom Umgang mit sich selbst und anderen* (2. Aufl.). München: dtv.

Schmidt, T. (2013). Personalentwicklung und Personalmanagement am Theater – Entwicklung neuer Instrumente und ihre Grenzen. In A. Hausmann & L. Murzik (Hrsg.), *Erfolgsfaktor Mitarbeiter. Wirksames Personalmanagement für Kulturbetriebe* (2. Aufl., S. 185–198). Wiesbaden: Springer VS.

Schwarz, W., Dernick, A. L., & Stein, R. (2016). *Personalführung, Qualifizierung und Kommunikation* (3. Aufl.). Karlsruhe: VVW.

Schreyögg, A. (2005). *Coaching von Doppelspitzen: Anleitung für den Coach.* Frankfurt/M.: Campus.

Schütz, D. (2018). Wie das Staatstheater Darmstadt Entwicklungen ermöglicht. https://www.kulturmanagement.net/Themen/Personalentwicklung-im-Kultur-bereich-Wie-das-Staatstheater-Darmstadt-Entwicklungen-ermoeglicht,2321. Zugegriffen: 24. Apr. 2019.

Seewald, J. (2016). Schauspieler Shenja Lacher. Ich zerfleische mich schon selbst. Frankfurter Allgemeine vom 05.08.2016. https://www.faz.net/aktuell/feuilleton/buehne-und-konzert/shenja-lache-ueber-kuendigung-beim-muenchner-residenztheater-14368854.html. Zugegriffen: 24. Apr. 2019.

Sprenger, R. K. (2012). *Radikal führen*. Frankfurt/M.: Campus.

Sprenger, R. K. (2014). *Mythos Motivation: Wege aus einer Sackgasse* (20. Aufl.). Frankfurt/M.: Campus.

Sprenger, R. K. (2015). *Das Prinzip Selbstverantwortung, Wege zur Motivation* (13. Aufl.). Frankfurt/M.: Campus.

Stewart, B. (2010). *Cultural Leadership: The new chemistry of leading differently*. Raleigh: lulu.com.

Stock-Homburg, R. (2013). *Personalmanagement. Theorien, Konzepte, Instrumente* (3. Aufl.). Wiesbaden: Gabler.

Tannenbaum, R., & Schmidt, W. H. (1958). How to choose a leadership pattern. *Harvard Business Review, 36*(2), 95–101.

Walser, F. (2018). #MeToo im Literaturbetrieb. Schweigende Frauen und sprechende Zahlen, Deutschlandfunk Kultur, Beitrag vom 23.11.2018. https://www.deutschlandfunkkultur.de/metoo-im-literaturbetrieb-schweigende-frauen-und-sprechende.976.de.html?dram:article_id=434054. Zugegriffen: 24. Apr. 2019.

Walther, A. (2017). Willkommen im digitalen Zeitalter. *Kulturmanagement Network Magazin, 122*(Mai), 45–47.

Weibler, J. (2016). *Personalführung* (3. Aufl.). München: Vahlen.

Woolfe, Z. (2018). With James Levine Fired, should we rethink maestro worship? *New York Times*, March 13. nyti.ms/2pdayP5. Zugegriffen: 24. Apr. 2019.

Zierold, M. (2018). Führungsstile in Kultureinrichtungen. Eine Frage der Haltung und der Stimmigkeit. https://www.kulturmanagement.net/Themen/Fuehrungsstile-in-Kultureinrichtungen-Eine-Frage-der-Haltung-und-der-Stimmigkeit,2325. Zugegriffen: 24. Apr. 2019.